教育财务透视：高职院校财务内部控制与绩效管理研究

张 珊 著

吉林出版集团股份有限公司

全国百佳图书出版单位

图书在版编目（ＣＩＰ）数据

教育财务透视：高职院校财务内部控制与绩效管理
研究 / 张珊著 . -- 长春：吉林出版集团股份有限公司，
2024.5

ISBN 978-7-5731-4956-5

Ⅰ.①教… Ⅱ.①张… Ⅲ.①高等职业教育－财务管
理－研究 Ⅳ.① G718.5

中国国家版本馆 CIP 数据核字 (2024) 第 097292 号

JIAOYU CAIWU TOUSHI : GAOZHI YUANXIAO CAIWU NEIBU KONGZHI YU JIXIAO GUANLI YANJIU

教育财务透视：高职院校财务内部控制与绩效管理研究

著　　者	张　珊	
责任编辑	杨　爽	
装帧设计	优盛文化	

出　　版	吉林出版集团股份有限公司	
发　　行	吉林出版集团社科图书有限公司	
地　　址	吉林省长春市南关区福祉大路 5788 号　邮编：130118	
印　　刷	河北万卷印刷有限公司	
电　　话	0431-81629711（总编办）	
抖音号	吉林出版集团社科图书有限公司　37009026326	

开　　本	710 mm×1000 mm　1 / 16
印　　张	16
字　　数	220 千字
版　　次	2024 年 5 月第 1 版
印　　次	2024 年 5 月第 1 次印刷

书　　号	ISBN 978-7-5731-4956-5
定　　价	88.00 元

如有印装质量问题，请与市场营销中心联系调换。0431-81629729

前　言

随着高等教育改革的深入，高职院校作为我国教育体系的重要组成部分，承担着培养实用技术人才的重要使命。而且，这些院校面临着日益复杂的管理挑战，其中财务管理尤为关键。财务管理直接关系到教育资源的有效利用、学校的教学质量以及科研水平。内部控制作为现代财务管理的重要组成部分，对于规范高职院校的财务行为、防范和控制财务风险、提升财务管理效率具有重要作用。而财务绩效管理作为评价和激励机制，对于提高财务资源的使用效益、促进高职院校整体目标的实现至关重要。

本书共分为九章，涵盖了高职院校财务内部控制与绩效管理的多个方面。第一章为本书奠定了基础，详细阐述了内部控制与财务内部控制的概念、区别与联系，探讨了高职院校财务内部控制的基本内涵和必要性。此章为读者提供了一个全面的理论框架，以便其更好地理解后续章节的内容。

高职院校财务内部控制环境与高职院校财务内部控制之间是相互影响、紧密联系的，对高职院校财务内部控制的有序运行具有重要作用，因此，本书第二章主要讲述高职院校财务内部控制环境相关内容，包括对财务内部控制环境的基本认识、对财务内部运行机制的构建以及财务岗位的设置和队伍建设。

第三章概述了预算管理内部控制的基本原理，强调了预算编制和执行的重要性，探讨了高职院校财务预算管理的全过程控制，特别是在财务预算的执行管理与追加调整管理方面，还提出了一系列有效的策略，以确保预算执行的准确性和合理性。此外，本章还介绍了网络报销等新思路，以提高预算控制的效率和透明度。

　　第四章则聚焦于资产管理，首先对资产管理的内部控制进行了概述，然后分别讨论了流动资产、固定资产、无形资产及对外资产的控制策略。这些控制策略旨在保障资产的安全、有效利用和增值，减少资产管理过程中的风险。

　　第五章讨论了高职院校面临的债务风险，强调了债务风险防范的必要性，并给出了构建长效债务危机应对机制的方法，以维持财务的稳定性和可持续性。

　　第六章着重于风险管理的控制策略，重点是高职院校财务风险评价体系的设计和财务内部控制风险预警体系的构建。这一体系的构建有助于及早识别和应对潜在的财务风险，保障高职院校的财务健康。

　　第七章深入分析了成本管理的基本框架和控制对策，并探讨了作业成本法在高职院校成本核算中的应用，这些内容旨在帮助高职院校更有效地控制成本，提高资源使用效率。

　　第八章从财务绩效的角度分析高职院校的师资管理和科研制度管理。通过财务绩效的视角，可以更全面地评价和优化这些关键管理领域。

　　第九章则聚焦于高职院校财务绩效的综合实力评价，构建财务绩效评价体系，并设计基于绩效评价的财务分析指标。

　　本书力求为读者提供一个全面、系统的高职院校财务内部控制与绩效管理的研究视角。期望本书能够为高职院校的管理者、教师以及学生提供宝贵的参考信息，帮助他们更好地理解和掌握财务内部控制与绩效管理的关键因素。同时，希望能够为相关领域的研究者提供启发，激发其更多的研究兴趣和创新思考。

张　珊

目　　录

第一章 高职院校财务内部控制概述

第一节 内部控制与财务内部控制

一、内部控制

（一）内部控制的内涵

内部控制的内涵主要包括以下四个方面，如图 1-1 所示。

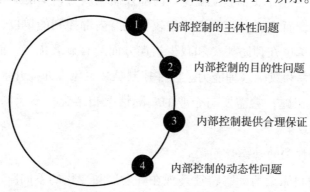

1 内部控制的主体性问题

2 内部控制的目的性问题

3 内部控制提供合理保证

4 内部控制的动态性问题

图 1-1 内部控制的内涵要素

1. 内部控制的主体性问题

内部控制作为组织内部治理的核心环节，始终由企业或高校等单位的内部成员负责。这种控制机制区别于外部实体，如审计机构或监管部门的外部监督，其本质在于构建一个涵盖高级管理层和普通职员的全员参与体系。在这个体系中，每位成员不只参与内部控制过程，还承担相应责任，以确保内部控制的有效性和连续性。这样的安排意在通过内部力量的发挥，实现组织内部环节的自我监督和自我调整，进而提升整体运作的效率与安全性，避免依赖外部监督而带来的潜在风险。

2. 内部控制的目的性问题

内部控制的效果密切依赖于其目标的明确性。缺乏明确目标的内部控制等同于无效工作，无法为组织带来预期的价值。在单位环境下，内部控制的目标性既确保了控制措施的合理性，又为实现组织目标提供了有效的支持。因此，越来越多的单位开始认识到科学且有目的的内部控制对其发展的重要性，加以重视并积极实施，以期达到最优的运营效果和实现风险管理。

3. 内部控制提供合理保证

内部控制提供的是合理而非绝对的保障，因其建立在人类有限理性的基础上。[①] 设计和执行内部控制的过程并非万能，不能完全杜绝所有的风险和错误，所以，单位在建立内部控制制度时，不能期望它是全能的解决方案，而应有合理预期。相较于没有内部控制的单位，拥有内部控制机制的单位在预防舞弊和减少错误方面具有显著优势，能够提高整体的运营效率和风险管理能力。内部控制是减少风险并提升效率的工具，而不是万能钥匙，它需要与企业的实际情况相结合，不断调整和完善，以达到最佳效果。

4. 内部控制的动态性问题

内部控制体系的动态特征表现在其发展和变化的不同阶段：首先是对控制需求的分析，其次是制度的设计，再次是实施，最后是对控制效果的评估。这个过程不是静态的，而是持续演进的，随着企业环境和业务需求的变化而调整。在每个阶段，内容和业务要求都可能发生变化，

---

① 吕景胜、赵玉梅：《公司转型与治理》，中国商业出版社，2020，第345页。

需要企业灵活应对。这种动态性要求单位不断地审视和改进内部控制体系，以确保其始终与当前的业务战略和市场环境保持一致。

结合上述内容，本书将内部控制定义为，内部控制是为顺利实现单位特定目标而设计与实施的制度、程序和相应的政策。

（二）内部控制的原则

对于高职院校来说，要想实现高质量的内部控制，就应当遵循一定的原则，在内部控制原则的指导下，其内部控制目标更易达成。本书将内部控制原则总结为五项，具体内容如下：

1. 全面性原则

内部控制的全面性原则强调对高职院校运营的全方位覆盖，确保从高层管理者到基层员工，各个层面的人员均在控制体系内。它要求涵盖所有业务和活动，包括高职院校及其下属部门的各项事务。全面性原则还要求内部控制流程伴随整个业务周期，从决策到执行，再到监督，确保控制环节无遗漏、无盲点。这种全面性使得内部控制成为一个有机整体，其覆盖和影响业务流程的每一个起点，即从业务活动初始环节开始贯穿整个流程，实现对经济活动的有效管理和监控。

2. 重要性原则

内部控制的重要性原则着眼于在实施全面控制的同时，优先处理关键领域和主要风险点。高职院校作为非营利机构，虽不直接面临商业风险，却需应对各类政治、经济、文化背景下的潜在风险。这就要求其在维持全面性的基础上，特别关注那些对学校使命和职责影响较大的重要业务和高风险环节，关键是要合理识别并集中资源和注意力在这些领域，设计和实施有针对性的控制措施，以确保学校在面对可能的战略、财务和业务风险时能够有效应对和管理。

3. 制衡性原则

制衡性原则可以确保通过岗位设置、职责分配及业务流程的设计形成有效的相互监督和制约机制。[①] 这种机制要求在水平层面上，特定工作需由不同部门或人员共同承担，以促进彼此制约和监控。同时，在垂直层面上，任务完成需经过多个不同级别的岗位或环节，确保上下级间相互监督与制约。这一原则的实施，旨在消除任何个体或集体可能凌驾于内部控制之上的权力，保障学校运作的公正性和透明度。虽然这可能导致一定程度的效率下降，但考虑到其在防范风险和保护学校利益方面的重要作用，制衡性原则仍然是学校内部控制体系中不可或缺的组成部分。

4. 适应性原则

适应性原则强调内部控制系统的灵活性和动态性，以确保其始终与国家法规、高职院校的实际状况及外部环境变化保持一致。这意味着内部控制系统不是一成不变的，而是随着学校经济活动的变化、管理需求的提升以及外部环境的调整进行相应的调整和完善。在设计内部控制系统时，应考虑高职院校特定的发展目标、组织结构和文化背景，创造一个既稳定又灵活的控制体系，以适应组织目标的实现。适应性原则确保了内部控制体系能够随着时代发展、组织变革进行有效地适应和更新，有助于其在不断变化的环境中维持其有效性和相关性。

5. 绩效性原则

绩效性原则要求内部控制的建设和实施必须综合考虑成本和效益的平衡。高职院校制定的内部控制措施要有效地提高其工作效率和减少风险损失。此外，高职院校还要考虑到实施这些措施所需的成本。换言之，内部控制的设计和应用应当以高职院校的整体利益为出发点，确保在提高效率和安全性的同时，所投入的成本是合理且有效的。

二、财务内部控制

财务内部控制本质上聚焦于价值的控制和管理，它不局限于监督和

---

① 陈焕婿：《高校内部控制建设及典型案例》，苏州大学出版社，2022，第11页。

执行财务计划，更广泛地涉及企业或机构的各项财务活动，确保这些活动均在预定计划的范畴内进行。《新会计大辞典》对财务内部控制的定义强调了财务活动的计划性和纠偏能力，指出任何偏离预设目标的情况都需及时纠正，并从中汲取经验与教训。这种定义虽然揭示了财务内部控制的基本作用，但它更多地聚焦在过程和现象上，而未充分体现其核心特性。

三、内部控制与财务内部控制的联系

财务内部控制是内部控制系统的关键组成部分，但财务内部控制超越了单一业务层面的控制，展现出其综合性和广泛性。它不是针对特定、具体的业务单元进行控制的，而是能够将性质不同、相互独立的业务集成在一起，实现更为广泛和全面的控制。例如，在责任报告、预算管理、业绩评估和风险管理等方面，财务内部控制通过价值目标的实现，来促进这些领域目标的达成。这种控制形式既强调了财务管理的计划性和目标性，也彰显了其在整合多样化业务功能中的核心作用。

第二节 高职院校财务内部控制的基本内容

一、高职院校财务内部控制的概念

内部控制的起源可追溯至会计控制。20世纪60年代，内部控制的概念发生扩展，分化为内部会计控制和内部管理控制。[1] 内部会计控制着重于确保财产安全、会计信息的真实性和完整性，以及财务活动的合法性。相比之下，内部管理控制更侧重于保障高职院校的方针、决策的有效实施，推进办学活动的经济、效率和效果，实现教育目标。

财政部在《内部会计控制规范》中明确提出，该规范主要聚焦于单

---

[1] 刘罡：《高校财务内部控制实务》，中国农业大学出版社，2018，第3页。

位内部会计控制，并关注会计相关的控制，其为高职院校财务内部控制的总体原则提供了重要的指导。《行政事业单位内部控制规范（试行）》第三条进一步定义了内部控制的内容，将其视为一种防范和管理经济活动风险的系统。该系统不只包括内部控制环境、风险评估和控制活动，还包括信息与沟通以及监督等要素，这些要素共同构成了具体的管理制度和控制措施，旨在实现控制目标。

高职院校的内部会计控制特别关注学校运行的有序性和有效性，旨在保障资产的安全性，预防欺诈和舞弊行为，提高会计信息的可靠性，以及实现学校管理的目标。这是一套固定的程序和措施，更是一个持续循环、不断优化的过程。在实施内部会计控制时，高职院校既要平衡各种资源，确保教育事业的顺畅发展，也要灵活适应教育环境的变化，及时更新和改进控制措施，确保内部控制的效果与时俱进。

高职院校的财务内部控制系统，延续并深化了内部控制及内部会计控制的核心原则。这一系统的建立和实施，目的在于加强对高职院校财产的保护，优化校内经济秩序，规范财务行为，确保学校政策和财经法规的执行。一套完整的、科学的内部控制系统应当涵盖控制环境、风险评估、控制活动、信息与沟通以及内部监督五大要素，这五大要素之间是相互影响、相互作用的，它们能够形成一个完整的闭环，如图 1-2 所示。

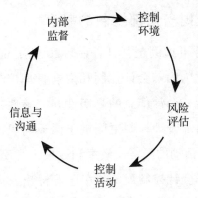

图 1-2　高职院校内部控制要素

二、高职院校财务内部控制的主要方面

高职院校财务内部控制主要包含七个方面，如表1-1所示。

表1-1　高职院校财务内部控制的主要方面

控制领域	主要内容与特点
货币资金管理内控制度	（1）严格监控现金流； （2）制定收支预算； （3）规范报销流程； （4）管理现金和银行存款
资产保全控制	（1）限制未授权人员接触财产； （2）定期盘点财产； （3）财产记录和账实核对； （4）财产保险
应收、应付款项管理控制	（1）监测和分析账款变化； （2）实施账龄分析； （3）调整收现策略； （4）建立坏账准备制度
事业收入内部控制	（1）按政策管理所有收入； （2）核查收入的合规性、合理性和时效性
费用支出控制	（1）严格遵守费用支出流程； （2）准确及时记入会计系统
业务记录控制	（1）确保会计信息的可靠性； （2）保障财务数据的完整性和透明性
会计记录控制	（1）保证会计信息及时、完整、准确记录； （2）采用复式记账和编号机制； （3）实现会计信息的平行登记

（一）货币资金管理内控制度

为确保货币资金的安全性，高职院校需设立综合性的货币资金管理内控制度，包括对现金流的严格监控，制定详尽的收支预算规划，实行规范的报销流程，以及制定现金和银行存款的管理办法。

（二）资产保全控制

高职院校资产保全控制旨在维护其财产物资的安全与完整性，采取多项措施来达到此目的。首先，通过限制未授权人员对财产的接触来防止潜在风险。其次，定期进行财产盘点，确保账目与实际物资相符。最后，维护详细的财产记录并进行常规账实核对，以及为财产投保，都是确保存货及固定资产安全的关键手段。

（三）应收、应付款项管理控制

应收、应付款项管理控制是高职院校财务管理中的关键环节。为了高效地监管这些款项，高职院校需要实施一系列的分析与控制策略，如持续监测和分析账款的动态变化，采用账龄分析来识别长期未收或未付账款，及时调整收现策略并合理预测现金流。为了应对潜在的坏账风险，必须建立坏账准备制度，通过定期评估应收账款的可收回性，适时计提坏账准备。

（四）事业收入内部控制

事业收入内部控制要求高职院校按照相关政策、法规的指引，严格管理和监督所有收入。这种控制涉及对各类收入的合规性、合理性和时效性的核查，确保每一笔收入的合法性。

（五）费用支出控制

高职院校在开展业务活动时，对于教育成本和费用的支出控制是至关重要的。这要求高职院校在支出费用时严格遵守规定的流程和程序，并确保所有费用均能准确、及时地录入会计系统中，以提高财务透明度，确保费用使用的合理性和效率性。

（六）业务记录控制

业务记录控制的核心目标是确保会计信息的可信度，进而保障财务数据的完整性和透明性，为高职院校的决策提供可靠的财务信息支持。

（七）会计记录控制

会计记录控制着眼于确保会计信息的及时性、完整性、准确性和合法性。这一控制体系强调，会计操作必须严格遵循会计制度规定，通过科学的分工和岗位责任制，实现会计人员间的有效分离和相互制约。进一步细化到会计凭证管理，采用编号机制防止经济业务的遗漏或重复记录，通过对凭证编号的追踪，可以及时揭示潜在的问题。[①] 在记账方法上，采用复式记账，确保每一笔账款同时在总账和明细账上得到反映，实现平行登记。这样的双向核对机制，既提高了记录的准确性，又提高了财务透明度。

三、高职院校财务内部控制的分类

（一）按控制功能分为准入式控制和查对式控制

在高职院校内部控制体系中，准入式控制和查对式控制是两种主要的控制手段。准入式控制旨在从源头上预防错误和非法行为，通过设置特定的门槛或条件来阻止潜在的风险。例如，高职院校的文印室仅允许有授权的文印员进入，这样有效避免了敏感文件如试卷的泄漏风险。同样，在网络信息管理方面，指定的管理员才有权限修改网页资料，这样可以确保信息内容的正确性和安全性。

查对式控制则专注于发现和纠正已经发生的错误，增强对问题的识别能力。这种控制手段通常包括各种形式的核对活动，如账目与凭证的核对、账目与报表的核对，以及账目与实物的核对。通过这些细致的查

---

① 杨丹华：《新形势下高校财务管理与发展研究》，山西经济出版社，2022，第130页。

对程序，高职院校能够及时发现如记账错误、资产短缺等问题，并采取措施加以解决。这两种控制手段的结合使用，为高职院校提供了一个更全面和有效的内部控制框架，既能预防风险，又能及时发现并处理问题。

（二）按控制的时间分为事前控制、事中控制和事后控制

事前控制着眼于预防，通过在活动发生前实施控制措施来防范潜在的错误和问题。例如，高职院校在采购物资前的市场询价、招标采购的严格审批流程，以及基建项目开工前的多部门会审论证，都是典型的事前控制，旨在提前识别风险，防患于未然。

事中控制则在活动进行过程中持续实施，如基建过程的审计监督、采购招标过程的全程记录。这一控制手段不仅确保了过程的透明性，还增强了执行人员的责任感。

事后控制关注的是活动完成后的结果评估和反馈。例如，科研项目完成后的验收评价，这既是对项目成果的检验，也是对经费使用合规性的审核。事后控制有助于从已完成的活动中提炼经验教训，为未来的决策和改进提供依据。

综合运用这三种控制手段，高职院校能够实现从活动前期的风险预测、过程中的实时监控到后期的成果评估的全链条控制，有效地管理和降低各类风险。

（三）按控制的涉及面分为单位层面控制和业务层面控制

单位层面控制关注整体组织目标的实现，涵盖内部环境构建、风险评估、信息沟通和内部监督等关键领域。例如，高职院校在物资采购过程中，要采用相互制约机制，如招标办公室负责发布招标信息，设备处处理采购事务，审计处审核流程，财务处负责款项处理，这种分离和协作的机制有效避免了权力集中带来的风险，增强了整体控制的有效性。业务层面控制则针对具体的操作或事项，通过细致的控制手段确保业务流程的正确性和合规性。例如在会计凭证管理上，通过连续编号防止凭

证丢失，通过编制"科目汇总表"来防止记账弊端。这些控制措施虽然聚焦于具体业务，但在实际操作中发挥着至关重要的防范和监控作用。

四、高职院校财务内部控制的原则

对于高职院校来说，除应当遵循上一节所提到的内部控制原则外，还应当遵循以下几项原则。其具体内容如下：

（一）单位负责人负责原则

高职院校的党政主要负责人对内部控制承担着不可推卸的责任。这一原则在《中华人民共和国会计法》和《行政事业单位内部控制规范（试行）》等法律法规中得到明确体现，其中强调单位负责人对会计工作和资料的真实性、完整性负有直接责任。单位负责人包括法定代表人或法律、行政法规规定的代表单位行使职权的主要负责人。高职院校的党政领导是内部控制的重要组成部分，而且在内部控制体系的建立、运行和监管中发挥着关键作用，他们既要确保内部控制体系的正式建立和有效执行，又要在监督、管理和领导上承担起关键责任，确保整个控制体系的高效运作。

（二）合理合法性原则

高职院校在建立和执行内部控制制度时，必须严格遵守国家法律法规和政策，确保所有措施的合理性和合法性。这是《行政事业单位内部控制规范（试行）》中强调的适应性原则的核心要义，意味着内部控制既要反映国家规定，也要适应高职院校各自的具体情况。随着外部环境和内部管理需求的变化，内部控制制度应持续进行修订和完善。在具体实施过程中，高职院校需根据自身特点，灵活制定与实际情况相符合的内部控制规程。不同高职院校之间在管理水平和特性上的差异，要求内部控制制度不应一概而论，而是要紧密结合各自的管理目标和实际需求。这些控制措施既要反映高职院校的独特性，又要满足国家政策和法规的要求，还要保证其实际操作性。

（三）内部牵制原则

内部牵制原则要求高职院校在内部会计控制上确保岗位设置和职责划分的合理性，推行职务不相容原则，保证各部门和岗位间权责清晰，实现相互制约与监督。这意味着在高职院校内部，任何人或部门都不能独立完成所有业务流程，必须通过其他部门或人员的核查和验证。例如，从业务处理的纵向角度来看，工作流程至少需穿越两级管理层，形成上级对下级的监督与下级对上级的制约；从业务处理的横向角度来看，至少需经历两个不同部门或岗位的协作，以此确保工作的相互牵制和监督。

为有效实现内部牵制，高职院校需按照业务性质和功能进行岗位分配，明确每个岗位的职责权限，并制定具体的操作规程和处理手续。此外，还要明确纪律规则和检查标准，确保责任、权限和利益的相互结合。内部各部门及人员必须协同工作，保证既有明确的分工又有有效的协作，各岗位和工作环节需要协调同步，业务程序和办理手续要紧密衔接，避免内部矛盾和效率损失，确保经济活动的有效性和连续性。

（四）成本效益原则

成本效益原则强调在进行任何经济活动或制度实施时，需衡量所带来的效益与投入的成本。内部会计控制越复杂严密，其防错效果可能越显著，但建立和维护这套控制系统的成本也随之增加。其重点在于控制措施产生的效益必须超过其实施的成本，否则控制体系就失去了其意义和生命力。

在设计和实施内部会计控制时，高职院校需要有选择地确定控制点，既不应过多，以避免不必要的经济负担，也不应过少，以保持控制体系的有效性。高职院校应优化控制方法和手段，简化机构和人员配置，减少烦琐的手续和程序，避免重复劳动，以提高工作效率并节约成本。有效的控制系统应以较低的成本实现高效率，以此来提升高职院校的整体办学效益。成本效益原则实际上深化和补充了重要性原则，在全面控制的基础上，内部控制应重点关注重要的经济活动和重大风险点。通过实施成本效益原则，高职院校能够有效识别和控制关键业务处理环节的重要控制点和风险点，并采取合理的控制措施，从而确保控制活动的有效性。

五、高职院校财务内部控制的目标

（一）确保高职院校经济活动合法合规

学校在从预算编制、资金支出到收入管理的每一个财务操作环节，都必须严格遵守国家相关法律法规及教育主管部门的政策要求。合法性的确保既关乎学校财务活动的合法来源，也关系其资金的合理使用，确保每一笔经费的分配和使用都符合法律和教育部门的规定。另外，合规性的强化要求高职院校不断地更新和优化其内部管理制度，以应对不断变化的外部法规环境和内部管理需求。高职院校应定期审查和调整内部控制流程、确保财务信息的准确性和透明度，以及加强对财务人员的培训和监督。

（二）保障高职院校资产安全和有效使用

学校必须制定一套严格的资产管理规程，并建立有效的监控机制，这涉及资产的整个生命周期，涵盖采购、使用、维护和最终的处置过程。每个环节都需要采用精确地控制措施来预防资产的损失和误用，确保学校资源的有效利用。例如，高职院校在资产采购过程中，应实施严格的预算控制和审批流程；在资产使用过程中，需要建立定期维护和性能评估机制；在资产处置阶段，必须遵循合规的程序，确保资源的合理配置和利用。高职院校还应定期进行资产盘点和价值评估，以确保资产账目的准确性和透明性。

（三）防范舞弊和预防腐败

高职院校需要建立一个全面、严密的财务管理和监督体系，以确保各项财务活动的透明性和合规性。其具体内容如下：①通过实施严格的财务审计程序和财务监控机制，可以有效识别和防止潜在的不当行为，包括定期进行财务审计、交易记录的详细审查以及异常交易的及时报告；②通过明确的财务责任划分和权限分配，确保财务决策和操作的分权管理，减少个人或小团体对财务资源的控制，减少舞弊的机会；③高职院校应强化内部培训和宣传，提高全体员工的廉洁自律意识和舞弊风险识别能力，形成共同防范舞弊和腐败的良好氛围；④建立有效的举报和投诉机制，鼓励和保护内部举报者，对于发现的舞弊行为及时采取纠正措施，是确保内部控制目标达成的重要环节。

六、高职院校财务内部控制的常用方法

高职院校的财务内部控制方法实质上就是内部控制的机制，是指为将经济活动风险控制在可承受（可承诺）的范围之内，根据内部控制的原理，并结合风险评估的结果，针对风险点选择的措施和程序。[1] 高职院校财务内部控制常用方法主要包括以下几种，如表 1-2 所示。

表 1-2　高职院校财务内部控制的常用方法

方法	要点
不相容岗位相互分离	岗位职责明确划分，相互制衡，防止权力过度集中
内部授权批准控制	明确授权范围、审批程序，防止滥用职权，降低风险
业务归口管理	根据学校情况和需求，确保活动在明确权责框架内有效管理
预算控制	利用预算制度强化经济活动约束，确保财务活动合理性
财产保护控制	建立资产管理制度，维护资产的完整性和安全性

---

① 刘罡:《高校财务内部控制实务》，中国农业大学出版社，2018，第 12 页。

续　表

方法	要点
会计系统控制	确保会计信息的真实性和完整性，满足预算和财务管理需求
财务单据控制	严格管理表单和票据，确保经济行为证据的完整性和准确性
信息内部公开	确保关键信息透明度，促进内外部对财务情况的全面了解
目标考核控制	目标设定要科学，目标考核要公平，要实行动态管理

（一）不相容岗位相互分离

该方法强调岗位职责的明确划分和相互制衡，确保不同岗位间形成有效的相互监督机制。具体而言，不相容岗位指的是那些在职责上存在潜在冲突、不能由同一人担任的岗位。例如，负责财务审批的岗位与执行具体财务操作的岗位应当互相分离，以防止权力过度集中引发的风险。高职院校在安排岗位时，需按照各项经济活动的流程，合理设置关键岗位，使得岗位间能够相互制约和监督。这样的制度设计基于这样的逻辑：不同岗位的人员不太可能同时犯下相同的错误，且合谋舞弊的可能性远低于个人独自作案。因此，通过划分职责，能提高工作效率，还能有效降低舞弊的风险。

以高职院校为例，其经济活动通常涵盖申请、审批、执行、记录和监督等多个环节，在此框架下，申请岗位应与审批岗位分离，审批岗位应与执行岗位分离，执行岗位应与记录岗位分离，审批岗位应与监督岗位分离。高职院校应根据经济活动的特点，合理规划关键岗位和进行职责划分，实施分离措施，构建起一个相互制约、相互监督的有效工作机制。

（二）内部授权批准控制

该方法涉及对内部各部门、下属单位及各岗位的日常管理和业务办理授权，明确授权范围、审批程序和相应责任。内部授权批准控制的实施，旨在确保各岗位在业务和事务处理中严格遵守规定的权限范围和审批程序，并对相关责任进行明确界定。此控制方法有助于规范高职院校的管理流程，能够有效地防止滥用职权和降低经济风险。

该方法的实施关键在于建立合理的授权机制，明确各岗位的职责权限，保证授权的合法性和有效性。重大事项，如重要项目的资金使用、重要决策的制定等，应通过集体决策和会签制度来处理，确保决策的科学性和合理性。此外，将"三重一大"业务（重大决策、重要事项、重要人事任免和大额资金支付业务）纳入集体决策和会签制度，可以最大限度地确保决策的科学性和合理性，防止任何人单独作出决策或擅自改变集体决策。

（三）业务归口管理

此方法着重于根据学校的具体情况和管理需求，将各类经济活动划归至特定的管理责任单位，确保这些活动在明确的权责框架内得到有效管理。这种方法的核心在于按照权责对等原则，设立联合工作组织并指定牵头人员，以实现对相关经济活动的统一管理。

在高职院校中，许多经济活动的特性要求其分散于不同业务或职能部门进行，而缺乏统一的管理和监控，容易导致资源流失和财务信息失真的风险。此外，某些活动由于专业性强，如经济合同签订等，需要法律专家提供专业支持，缺少统一管理可能导致经济损失。针对这些特点，高职院校应建立联合工作机制，通过成立工作小组并指定牵头人员，实施统一管理，确保各项经济活动能够在权责明确、高效协调的环境中顺利进行。例如，一些高职院校成立预算管理委员会，并由财务部门牵头组织预算相关工作，确保预算管理的统一性和有效性。将法律部门或办公室指定为合同归口管理部门，负责参与重大合同的签订和相关活动，统一管理合同专用章和授权委托书，并对合同履行实施有效控制，是另一个典型的归口管理实例。

（四）预算控制

预算控制的重要性在于通过预算制度强化对经济活动的约束力，确保财务计划与高职院校的发展目标和策略紧密相连。预算本身既是一项财务计划，也是对学校经济活动的基本指导。预算控制要求在各项经济活动的全过程中，都要有预算管理的参与和监督，以确保财务活动的合理性和目标的实现。

预算控制不同于单纯的预算业务控制，后者专注于预算编制、审批、执行及决算等环节的具体控制，例如，通过实施不相容岗位相互分离的原则来确保预算编制的客观性和公正性。预算控制是一种更为广泛的管理方法，它在预算的整个生命周期中发挥着规划、控制和反馈的作用。预算控制通过明确的财务约束，规范和制约高职院校的各项经济行为，确保各项支出和投资活动都在预算的框架内进行，从而避免资源的无效配置和财务风险的产生。例如，高职院校在资金支付时应严格按照预算批复的额度和规定的开支范围操作，避免超预算的支出。在政府采购业务中，必须遵循"先预算、后计划、再采购"的程序，确保采购活动在预算的约束下进行。

（五）财产保护控制

高职院校应建立健全的资产管理制度，其包括日常管理和定期清查两大机制，可以维护资产的完整性和安全性。

在日常管理方面，资产记录是基础。学校需建立全面的资产档案，对各类资产进行详细登记、分类和汇总，保障资产信息的完整性和准确性。对所有涉及资产的文件资料妥善保管，防止任何形式的损坏、遗失或非法篡改。对于实物保管，学校需明确各类资产的保管责任，为特定资产制定严格的使用和接触条件，并考虑对重要或特殊资产进行投保，以减轻潜在的损失风险。在资产处置方面，应遵循严格的报批程序，确保资产的调剂、租借或处置等行为合法合规，防止任意处置资产。

定期清查是另一重要机制，包括定期盘点和账实核对。高职院校要定期核查各类资产的实际数量，并与资产台账及会计账簿进行比对，确保账务信息与实物相符。在发现差异时，应立即查明原因，并依据国家相关规定妥善处理。

（六）会计系统控制

会计系统控制旨在确保会计信息的真实性和完整性，同时满足预算管理和财务管理的双重需求。为有效实施会计系统控制，高职院校需采取一系列综合措施，包括以下五个方面：

第一，建立和完善财会管理制度。这包括制定详尽的会计程序，确保所有财务活动都在规定的框架内进行，从而保障财务数据的准确性和可靠性。

第二，强化会计机构建设和财会队伍。学校需配备合格且能胜任工作的会计人员，确保会计工作的专业性和准确性。

第三，合理设置会计岗位，确保每个岗位的职责和权限明确划分。这需要实施不相容岗位相互分离原则，以防止任何形式的利益冲突，增强岗位责任感。

第四，不断提高财会人员的综合素质和业务水平。通过培训和教育，确保会计人员具备必要的专业知识和技能，能够正确行使职责和权力。

第五，规范会计基础工作和加强会计电算化及档案管理。明确会计业务的具体程序，并依法依规开展会计工作，是取得高质量会计信息的关键。

（七）财务单据控制

高职院校的财务单据控制强调对各种表单和票据的严格管理，这些文件作为经济行为的直接证据，其完整性和准确性对于财务管理至关重要。财务单据控制要求高职院校遵循国家的相关规定，结合自身的经济活动流程，制定和实施明确的内部管理制度，包括对所有经济活动涉及的表单和票据进行详尽定义，确保相关工作人员依照既定的规定进行填制、审核、归档和保管。在财务单据控制中，表单和票据的管理被细分为两个方面。表单主要指高职院校内部发生的经济行为相关的内部凭证，这些表单通常用于记录和证实内部的财务事项。票据则主要指在报销等环节中使用的外部凭证，用以证明经济事项的真实性和具体金额。这样的区分有助于高职院校更有效地管理不同类型的单据，确保每一种经济行为都有准确、合法的证据支持。

（八）信息内部公开

信息内部公开通过确保关键信息的透明度，促进学校内部及公众对其财务和运营情况的全面了解。在这一控制体系下，高职院校需要按照国家的相关规定和自己的实际情况，建立一个全面而明确的信息公开机制，确保关键经济活动信息对内外部利益相关者的可访问性。此控制方法的核心在于明确信息公开的内容、范围、方式和程序，既包括对学校内部的信息公开，也涉及对公众的信息公开。例如，高职院校应公开预算安排、资金使用、采购流程等关键信息，以增强其运营的透明度和公众信任度。高职院校还需确保信息公开方式的便捷性和易理解性，如通过校园网站、公告板等渠道发布信息，使之易于获取和理解。

（九）目标考核控制

1. 目标考核的具体方法

（1）目标定量考核。高职院校目标定量考核的核心在于制定一系列定量的考核指标，既包括绝对值指标，也包括相对值指标，以便于进行全面和客观的绩效评估。在实施过程中，首先设定各项具体的目标完成量，如学生就业率、教学质量、科研成果数量、财务管理效率等。其次，将这些预设目标与实际完成量进行对比分析，以此来评估各项任务的完成情况。此方法可以清晰地显示高职院校在不同领域的表现和进步，还能帮助管理层识别存在的问题和不足，以便及时调整策略和方法，确保高职院校的持续发展和改进。

（2）目标定性考核。高职院校目标定性考核是一种以质量为导向的评估方式，其主要特点是采用定性指标（如优、良、中、差）来衡量被考核者的工作表现。这种方法注重评价个体或团队在教学、科研、管理等方面的具体表现，而非仅仅依靠数量化的数据。在实施过程中，根据高职院校的具体目标和要求，明确各项工作的标准和预期结果，然后将实际工作表现与这些预设标准进行对比分析。例如，教师的教学质量可以根据学生的反馈和课堂表现来评定；科研工作的创新性和影响力可以通过同行评审和实际应用效果来评估。

2. 目标考核控制需要注意的问题

（1）目标设定要科学。在制定考核指标时，既要考虑到可量化和直观的数据指标，如学生的毕业率和就业率、课题中标率、论文发表数量等，又需考虑那些不易量化的服务性或质量性工作的评价，如评估学生宿舍管理员的工作业绩并不能仅依赖数字化数据，而应该结合学生的实际反馈和满意度进行综合评价。这种方法使考核体系不仅注重结果的量化，而且重视过程和服务质量的评估。高职院校在设定考核目标时需要平衡定量与定性指标，综合运用客观数据和主观评价，以确保考核体系的全面性和科学性。

（2）目标考核要公平。目标考核的核心目的在于激励优秀人员，同时促使其他人员努力提升，进而带动整个组织的发展。为了确保考核的公平性，高职院校需要采取多元化的考核方法，这包括被考核者的自我评估、同行评价以及专家评估等。特别是在选择考核专家时，应注重其专业能力和公正性，确保他们在评价过程中能够秉持客观公正的态度，避免偏见和不公。这样的考核方法能够确保评价结果的公平性，也能够获得被考核者的信任和尊重。

（3）目标考核要实行动态管理。考核是一个定期进行的评估活动，更是一个持续的、实时的监测过程。为了有效地实现这一目标，高职院校需要构建一个全面的绩效评估体系，涵盖考核的所有关键方面，如考核主体、对象、要素、标准、方法和程序等。建立一个持续更新的日常业绩数据库对于动态管理也尤为关键，该数据库应实时记录和更新被考核者的工作表现，以确保信息的及时性和准确性。通过定期（如每月或每学期）收集考核信息，高职院校能够对教职工的工作绩效进行持续监控和评估。动态的管理方式使得考核过程更加客观和透明，还能有效减少主观评价的偏差，为管理决策提供更为精准和全面的数据支撑。

七、高职院校建立和实施财务内部控制的步骤

（一）梳理各类经济业务流程

这一过程涉及对高职院校内部各项经济业务的深入研究和系统分析，包括预算管理、收支操作、政府采购、资产管理、建设项目以及合同管理等多个领域。这项工作通常由学校内部相关人员负责，并邀请外部专家加入，以确保流程分析的全面性和专业性。在分析过程中，不仅需要审视和评估业务流程本身，还需关注相关组织机构的设置和运作方式，应对每项业务的特点、目标、操作范围及其内容进行详细概括和总结。通过全面的业务流程梳理，高职院校能够清晰地识别和了解各项经济业务的关键环节和潜在风险。

（二）明确业务环节

对于复杂的经济业务，明确划分业务环节是提高管理效率和确保财务透明度的关键步骤。鉴于高职院校经济业务的多样性和复杂性，业务流程通常涉及众多细分的环节，这要求在不同组织机构之间清晰地划分和明确各个环节的职责与分工。这一过程的核心在于将业务控制的总体目标具体化，并确保每个环节都能高效运作。在具体操作中，首先要按照业务实现的时间顺序和逻辑顺序，将决策、执行和监督机制融入业务流程的每一个环节。其次，针对业务流程中的每个环节，详细规划部门和岗位的设置，明确各自的职责和工作范围。例如，在预算业务中，可以将整个流程分为预算编审、预算批复、预算执行和决算与绩效考评等

关键环节，之后要确定负责预算管理的决策机构、执行机构和监督机构的具体职能和操作机制。

（三）系统分析经济业务风险

这一过程建立在对高职院校各项经济业务流程全面梳理的基础之上，目的是识别和评估这些业务中潜在的内外部风险，并制定相应的应对策略和控制措施。随着高职院校业务的日益复杂化和分工的细化，经济业务中的风险不再是孤立的个体事件，而是逐渐演变为系统性风险，这就要求风险分析不仅要关注个体风险的独特性，还要具备对整体局势的认识。

在风险分析的过程中，需要从每项业务所面临的具体内外部环境出发，详细探讨这些环境因素对高职院校内部控制的可能影响，并采用多种方法对风险进行定性和定量的评估，如预算编审环节的风险分析不仅关系到后续的预算批复、执行、决算和绩效考评等环节，也会对整个高职院校的收支管理、政府采购等业务产生深远影响。所以，高职院校需要在风险分析中考虑每个业务环节的风险如何影响到整个单位的财务和经营状况，并据此制定全面的风险管理策略，以确保高职院校的经济业务在可控范围内进行，最大限度地减轻负面影响，保障高职院校财务的稳定和健康发展。

（四）确定风险点

由于风险的多元性和复杂性，仅仅识别整体风险往往不足以制定有效的应对措施，需要将总体风险进一步细分为具体的风险点。这一过程的核心在于根据风险的复杂程度，对学校的业务风险进行划分，进而进行更为详细的分析。在确定风险点时，应结合业务流程梳理的结果，对机构设置、岗位职责进行深入分析，以便在各个业务环节中识别出可能导致财务损失的具体风险点。例如，预算编审环节的风险点既包括预算单位上报数据的准确性，也涉及预算管理部门在数据统计和汇总方面的风险，以及预算决算部门对预算金额的评估准确性。

（五）制定风险应对策略

这一策略的制定基于对已识别风险的深入定性和定量分析，并对这些风险进行排序，以确定哪些风险需要优先应对。主要的风险应对策略有风险规避、风险转移、风险减轻和风险接受。由于高职院校通常不以经营效益为主要考虑因素，所以它们面临的风险主要集中在业务流程中的低效率、资源浪费以及潜在的舞弊行为上。高职院校的风险应对策略应着重于将这些风险控制在可接受的范围内。对此，高职院校不应从事超出其风险承受能力的业务活动，同时应尽可能避免低级错误和潜在风险。在具体制定风险应对策略时，应根据各种风险的性质和影响进行综合考量，制定出既具体又适用的策略，以确保各种风险得到有效管理和控制，支持高职院校的健康发展和稳定运行。

（六）建立健全单位各项内部管理制度

这一过程在前面五个步骤顺利完成的基础上进行。在这一环节中，高职院校首先需要对之前识别的风险进行反复验证，以确保识别的准确性，其次针对风险评估结果进行再次测算，以验证其可靠性和有效性。基于这些工作，学校可以根据不同的风险应对策略，制定出有针对性的内部管理制度。

具体而言，虽然《行政事业单位内部控制规范（试行）》为行政事业单位提供了原则性的要求和框架性的指导，但高职院校需要结合自身的实际情况，按照内部控制的逻辑顺序，建立起适应自己的内部管理制度。高职院校既要落实《行政事业单位内部控制规范（试行）》所提出的具体内容，又需要针对自身特有的业务环境和需求，制定出更加具体和详细的管理制度。例如，在收支业务控制方面，虽然《行政事业单位内部控制规范（试行）》提供了基本的控制框架和方法，但高职院校需要针对其特定的经营和财务状况，对收支范围进行细化，根据收支类别的重要性，制定出更为详尽和适用的控制制度。

（七）督促相关工作人员认真执行

学校需要在全体员工中广泛推广《行政事业单位内部控制规范（试行）》的核心理念和主要内容，特别是那些直接涉及内部控制工作的干部和普通职工。高职院校应定期组织培训和学习活动，确保每位员工都能充分理解和掌握内部控制的相关知识和技能。高职院校应根据自身实际情况，制定符合自身特点的内部管理制度，确保这些制度既符合规范要求，又切合学校实际。

在制度的执行阶段，学校应明确规定各部门、各岗位及相关工作人员的具体职责。高职院校应设立专门的部门或岗位，负责监督内部管理制度的执行情况，及时发现并解决执行过程中的问题。同时，应建立一套完整的奖惩机制，以激励员工严格执行制度，确保内部控制体系的有效运作。

第三节　高职院校强化财务内部控制的意义

在当前形势下，高等教育体系改革正在全面铺开，带来了以多元化经营主体、跨学科建设、多层次教育为特征的新型综合教育体制。资金来源已从过去的政府独家拨款模式，转为多渠道融资，财务支出也变得更为多样化。对此，高职院校需要强化财务内部控制。高职院校强化财务内部控制的意义主要体现在五个方面，如图1-3所示。

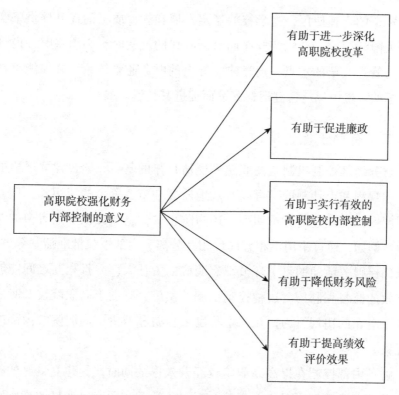

图 1-3 高职院校强化财务内部控制的意义

一、有助于进一步深化高职院校改革

在当前的教育领域，中国正推进全面深化的改革，实施"放管服"改革政策，其涵盖管理体系革新、政府会计制度更新以及高职院校绩效管理加强等多方面。这些改革措施对高等学府而言既是机遇也是挑战。一方面，高职院校获得更大的自主权；另一方面，对其综合管理能力的要求也随之提高，尤其在财务内部控制方面。随着经济的快速发展和管理要求的日益严格化，高职院校面临的标准也不断提升，这自然带来了更大的风险和挑战。

在这种背景下，高职院校要想有效应对不断变化的社会和经济环境，就必须加强自身的内部约束机制，严格监管其财务活动。加强财务内部控制，有助于提高财务管理的透明度和效率，还能有效地降低操作风险，保障资金的合理使用，为学校的稳定发展和教育质量的提升提供坚实的财务保障。因此，高职院校在面对新时代的挑战时，必须将财务内部控制作为管理改革的重点，通过建立健全的财务监管体系，确保能够在快速变革的环境中保持稳健运营，进而促进其长远发展。

二、有助于促进廉政

财务内部控制机制是高职院校廉洁自律的基石，通过建立严格的财务管理规程和审计制度，可以有效地监督和审查资金的使用和流向。这种制度安排提高了财务透明度，还为防止贪污腐败提供了强有力的制度保障。例如，通过采用不相容岗位相互分离、内部授权批准控制等方法，可以确保财务活动的每个环节都有明确的责任人，并且相互之间能够进行有效的监督和制约。这种控制机制的实施，有助于高职院校及时发现和纠正潜在的违规行为，在一定程度上预防和减少了高职院校内部的腐败现象。

财务内部控制在提高高职院校经营效率的同时，为建立良好的校园文化和营造廉政氛围提供了支持。当财务活动在明确且严格的规则约束下进行时，既增强了高职院校管理人员的廉政意识，也为教职工树立了遵守纪律、廉洁自律的榜样。这种影响是深远的，因为它形成了一种正直、透明的校园文化，这对于学生的教育和培养具有积极的导向作用。另外，良好的财务管理和廉洁的校园环境也能提高高职院校的社会声誉，吸引更多的优秀师资和学生，进一步提升教育质量和学校的综合竞争力。

三、有助于实行有效的高职院校内部控制

高职院校财务内部控制的有效实施对于整个教育机构的稳健运行至关重要，这一点体现在两个方面：全面性的覆盖范围和广泛的参与主体。

首先，高职院校的财务内部控制不是单纯的财务管理，而是一个涵盖教学、科研、资产管理、基础设施建设等多方面的综合体系，这个系统的高效运作对确保学校各项资源的合理配置和有效利用至关重要。例

如，在资金管理方面，通过严格的财务控制可以确保资金的合法、合规使用，避免浪费和风险；在实物资产管理方面，合理的控制体系有助于保护学校的物资资源，确保其有效利用。对投资、筹资和采购等经济业务的控制则直接影响到学校财务的健康和长远发展。所以，建立和完善全面的财务内部控制体系，对于高职院校来说是实现其教育目标和社会职责的必要条件。

其次，高职院校财务内部控制的有效实施需要广泛的参与主体。这种全员参与的机制不仅强化了学校内部的责任感和合规意识，还为提高财务管理的透明度和公正性提供了保障。每个部门和个体在此体系中都承担着不可推卸的责任，从日常的财务操作到高层的决策制定，每一环节都需严格遵守财务管理的规章制度。全面覆盖、多元参与的内部控制模式的实施，有助于高职院校及时发现并纠正潜在的管理漏洞，也为高职院校提供了更为健康、高效的管理环境。

四、有助于降低财务风险

随着教育体制改革和市场化进程的加快，高职院校面临的财务风险日益增加，这些风险一方面来自日常的财务活动，另一方面来自资金管理、预算执行、投资项目等方面。在这种背景下，高职院校的财务内部控制系统成为管理和控制这些风险的关键。

高职院校的财务内部控制可以有效地降低运营风险。例如，当高职院校采用网络理财管理模式时，财务内部控制系统能够通过设立严格的审核流程和监控机制来防止操作错误和欺诈行为，确保资金的安全和运营的透明。预算管理方面的内部控制能够确保预算的真实性、完整性和合理性，防止预算超支和资金挪用，降低财务风险。这种系统化的控制方式，提高了财务管理的效率和效果，也提升了高职院校对财务风险的防范能力。

财务内部控制还有助于降低高职院校在投资等领域的风险。高职院校的投资决策常常涉及大额资金和复杂的市场分析，财务内部控制系统通过加强对投资项目的审查和监控，可以有效地评估项目的可行性和预期收益，避免盲目投资和投资失败，并且财务内部控制系统能提供对突发情况的预警机制，使高职院校能够及时应对各种紧急情况，有效地减少因不可预见事件导致的财务损失。

五、有助于提高绩效评价效果

当前，高等教育机构普遍采用的会计制度——收付实现制和权责发生制，为高职院校的财务管理提供了有效的架构和指导。这些制度不仅在新会计科目的设立和确认方面起到重要作用，而且在成本核算和绩效评价方面发挥了关键作用。在这样的背景下，加强高职院校的财务内部控制，对于提高管理效率、优化资源配置具有重要意义。新会计制度的实施使得高职院校的教育成本全面而精确地核算成为可能，通过替代传统的支出方式，以费用为基础的核算方法更能反映实际的经济活动和资源使用效率。这种方法有助于提高会计信息的质量，为绩效评价提供更为准确和全面的数据支持。高职院校可以利用这些数据进行深入的分析，识别成本节约的潜在领域，优化资源分配，以提升整体的经济效益。

强化的财务内部控制还有助于加强收入管理和降低不必要的成本支出，进而提高资金使用的效率和效益。通过严格的财务控制和监督，高职院校能够有效预防和减少财务浪费、滥用和舞弊行为，确保资金的合理流向和使用效率。财务内部控制的加强也有助于提升高职院校在财务管理方面的透明度和责任意识，进而提高高职院校的整体声誉和公信力。

第二章　高职院校财务内部控制环境

第一节　对高职院校财务内部控制环境的基本认识

一、高职院校财务内部控制环境的内涵

关于高职院校财务内部控制环境的内涵，不同的机构和学者有着不同的观点，本书主要列举两种常见的观点：一种观点认为财务内部控制环境是由组织的核心人员构成的，这些人员的个性特征、诚信度、道德观念以及履行组织承诺的能力是构成这一环境的关键因素。同时，这一环境涉及董事会、稽核委员会以及管理层的经营理念和操作风格，这些要素共同塑造了一个组织的核心价值和文化，对高职院校的财务管理有着深远的影响。另一种观点认为，从结构和机制的角度来看，高职院校财务内部控制环境包括院校的发展规划、内部控制组织结构、运行机制以及关键岗位和人员配置。这些要素构成了实施财务内部控制的物理和制度基础，是财务内部控制成功执行的基石。例如，高职院校的会计和信息系统的建设、维护和更新，是确保财务信息准确和及时的关键，这些要素共同形成了促进或阻碍财务内部控制实施的环境，影响着高职院校财务管理的有效性和效率。

综合上述两种观点可以看出，高职院校财务内部控制环境的建设和优化是提高财务管理质量和效率的重要环节，需要从人员素质、组织文

化和系统建设等多个维度综合考虑和布局。

二、高职院校财务内部控制环境与高职院校财务内部控制的关系

内部控制，在高职院校的管理框架中，是管理控制的一部分，而且是组织策略执行的关键工具。具体到高职院校内部控制，这包括一系列在校园内部实施的控制手段和调整计划，旨在达成多方面的管理目标，如提升教学质量、增强经营效率以及获取有效资源。而在财务方面，高职院校财务内部控制特指为实现教育教学目标，确保资产的合理有效利用，规范经济秩序，规避经济风险而采取的一系列财务管理措施，这些措施包括资金流程的监督、资产使用的规范以及经济行为的约束，其目的在于维护校园财务的健康和稳定。

高职院校财务内部控制环境与财务内部控制之间的关系密不可分，互相依存。财务内部控制环境是财务内部控制实施的基础，它决定了各项控制要素的效力。例如，良好的财务内部控制环境能够促进高职院校高效运作，进而提升整体控制的效果。反过来，财务内部控制的有效实施也会对财务内部控制环境产生正面影响。例如，一个稳健的财务内部控制体系既能够提高财务管理的效率，又能够促进整个高职院校的健康发展。

三、高职院校财务内部控制环境的特点

高职院校作为行政事业单位的关键部分，拥有独特的工作性质和业务范围。这些院校在业务活动上相对固定，主要聚焦于知识传递、人才培育、科研探索和社会服务，旨在提供公共产品。它们的核心使命在于通过提高自身的综合能力和核心竞争力，增强社会声誉，为社会培养高素质的人才并提供科学研究成果和各类服务。在管理架构上，高职院校实行的是党委统一领导下的校长负责制，其中校党委负责制定重要的方针和策略，校长则作为学校的法定代表人，全面负责教学、科研和行政

管理等核心工作。

与此同时，高职院校的财务管理呈现出特有的非营利特性，它们并不追求经济利益的最大化，也不以利润作为衡量业绩的标准。随着国家教育体制改革的深入发展，高职院校获得了更大的自主权，其资金来源也变得更加多元化和复杂。这些资金渠道主要包括国家财政拨款、学生学费收入，以及银行贷款、联合办学、社会捐赠、房屋出租、各类培训收入和校办企业等。[①]这种资金来源的多元化，使得高职院校在财务管理上面临更多的挑战和机遇，也增加了其财务管理的复杂性。

高职院校的经济活动正日益增长其复杂性，触及多个关键领域，包括教学、科研、资产购置、后勤保障以及基础设施建设。随着市场经济的发展，高职院校还参与了商品交易、投资、附属医院经营和培训咨询等商业活动。可见，高职院校的资金运用涉及范围广泛，管理需求日益增加。

高职院校的会计核算体系呈现出多样性，涵盖了教育和科研经费的核算以及生产经营活动经费的核算，不同经费核算之间存在显著差异，这一差异性要求高职院校在财务管理上采取更为细致和全面的措施。

高职院校的财务内部控制目标广泛，涉及行政事业单位内部控制建设的各个方面。高职院校党委在内部控制建设中扮演着领导角色，校长作为首要责任人，负责内部控制的建立、健全和有效实施，其他领导班子成员负责监督所分管领域的内部控制建设工作，各部门负责人则承担本部门内部控制建设的具体责任。因此，高职院校需要根据《行政事业单位内部控制规范（试行）》的要求，结合自身特点，制定适合自己的内部控制制度，其包括探索并建立财务工作与业务工作相结合、日常财务管理和重要事项监控相结合的控制体系，确保高职院校内部控制建设工作走上常态化、规范化的轨道。

---

① 刘罡：《高校财务内部控制实务》，中国农业大学出版社，2018，第31页。

四、高职院校财务内部控制环境的分类

（一）内部环境和外部环境

财务内部控制环境在高职院校中呈现出内部和外部两种主要形态。内部环境涉及高职院校内部结构和运作的实际情况，诸如学校的发展规划、组织架构、人力资源管理策略、内审程序、校园文化氛围以及信息技术的应用水平等方面。这些因素共同构成了高职院校财务管理的内部背景，为财务内部控制的有效实施提供了基础。外部环境则包含那些间接或直接影响高职院校财务内部控制的外在因素，如国家政策和法规、经济状况、社会文化趋势以及技术发展水平等。具体而言，政策法规因素在制定内部控制标准和监督检查方法方面起着决定性作用，为高职院校内部控制的构建和操作提供指导和制约；经济因素则影响到财政资金的分配和使用；社会文化因素则对高职院校内部人员的价值观和道德观念产生影响；技术因素，特别是信息技术的发展，改变了信息处理和沟通的模式，对高职院校内部控制的效率和有效性产生深远影响。

（二）硬环境和软环境

硬环境主要指的是那些具体、可见的正式制度结构，它由各类形式化的资源组成，如明确规定的组织架构、关键岗位的设定、人员分配，以及内部审计机制等。这些要素以文档、规章制度的形式存在，为高职院校的运作提供明确的框架和指导。

相较之下，软环境则侧重于那些非正式的、无形的组织资源，它们通过柔性的约束力对高职院校成员产生影响。这些因素包括但不限于高职院校的运行机制、校园文化，以及信息技术的应用水平。软环境元素如校园文化，虽然无形，但在营造学校氛围、引导员工行为方面发挥着关键作用，对内部控制的效果产生间接但深远的影响。

第二节　高职院校财务内部运行机制

一、高职院校财务内部运行机制的主要内容

（一）决策机制

此机制基于"统一领导、分级管理、集中核算"的原则，确保财务活动的高效和透明。在这种架构下，高职院校的最高财务决策权归属于党委常委会，校长则承担起财务工作的首要责任。这样的设置旨在集中权力，以便更好地掌握和引导学校的财务方向，特别是在面对重要的经济事务、关键的经济决策或大额度的资金支付时。此制度要求对任何重大经济活动的决策必须通过集体讨论决定，个人不得擅自改变集体所定的方向或决策，这一做法有利于减少单一决策带来的风险，还增强了决策的全面性和合理性。至于哪些具体情况应归为重大经济决策、经济事项或大额资金支付业务，由高职院校根据自身的实际情况和需要来自行定义和规定。

（二）内部控制执行机制

内部控制执行机制涵盖多个关键组成部分，包括但不限于岗位分离机制、授权审批机制、预算管理机制、资产保护机制、会计监督机制、信息透明机制以及信息技术应用机制等。这些机制共同构成了全面、动态的财务管理网络，旨在有效监控和管理高职院校内部的各项财务活动。在这些机制中，岗位分离机制通过确保关键职责的相互独立与监督，降低了舞弊风险；授权审批机制则保证了决策的合理性和责任的明确性；预算管理机制作为核心，确保了资金的合理分配和有效使用；资产保护机制则致力于保障学校资产的安全和完整性；会计监督机制则保证了财务数据的真实性和可靠性；信息透明机制和信息技术应用机制则提高了整个系统的透明度和效率。

（三）业务流程协同机制

业务流程协同机制是高职院校财务内部运行机制的另一个关键组成部分，它遵循"以预算管理为主线、以资金管控为核心"的原则，通过积极协调财务、采购、资产管理、科研、合同管理等相关部门或岗位的协作，确保内部控制在分权基础上的高效运行。这种跨部门的协作机制增强了内部管理的灵活性和适应性，也提高了整个财务管理体系的协同效率和响应速度。

（四）监督机制

监督机制能够确保内部控制体系的有效性和适应性。核心的监督机构，如内部审计部门和纪检监察机构，不仅监控日常财务活动，还对内部控制的实施进行持续评估。这种评估机制有助于高职院校及时识别和修正体系中存在的问题或薄弱环节，保障整个财务管理体系的顺畅运作。重要的是，监督机制必须保持独立性，这种独立性是监督有效性的关键，它保证监督机构能够公正无私地执行其职责，不受内部控制实施过程中可能产生的偏见或冲突的影响。

（五）内部控制自我评价机制

建立这一机制的目的是通过内部监督确保控制措施得以有效实施。为此，高职院校需建立健全的监督制度，包括清晰划定各部门和岗位的监督职责，制定详尽的监督流程。这些流程应涵盖对内部控制方案的制定、执行以及效果的评估。内部控制自我评价机制旨在通过不断的内部审查和评估，提升内部控制系统的透明度和效率。这种机制的实施有助于高职院校及时发现和纠正可能出现的管理缺陷或漏洞，同时加以改进和创新。确保内部控制措施与高职院校的实际运营和战略目标保持一致，是此机制的核心目标。

二、高职院校财务内部运行机制的改革

为了解决高职院校财务内部控制方面的问题，进一步强化高职院校财务内部运行机制，应当采取以下措施进行创新改革，如图 2-1 所示。

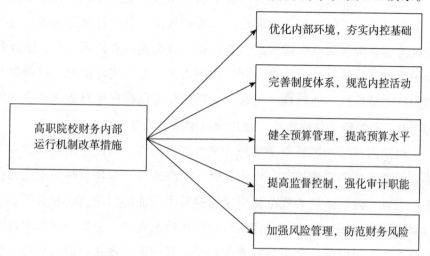

图 2-1　高职院校财务内部运行机制改革措施

（一）优化内部环境，夯实内控基础

这一措施要求高职院校建立和完善内部控制体系，以确保财务活动的合规性、准确性和有效性。优化内部环境意味着要创造透明、规范、高效的财务管理氛围，包括制定明确的财务管理规章制度，确保所有财务操作都有严格的流程和标准来遵循。此外，要加强内部审计功能，通过定期的财务审计和监督，及时发现并纠正可能出现的财务问题或风险，从而保障财务活动的正常运行。

进一步夯实内控基础则涉及人员和技术两个方面的改进。在人员方面，高职院校应加强对财务人员的培训和教育，提升他们的专业能力和职业道德水平，使其能够应对复杂多变的财务管理任务。同时，要推行职责分离原则，降低因人为因素造成的财务风险。在技术层面，高职院校应积极采用现代信息技术，如引入先进的财务管理软件，实现财务数

据的自动化处理和实时监控，提高工作效率和数据准确性。

（二）完善制度体系，规范内控活动

完善制度体系指的是构建一套全面、细致、适应高职院校特点的财务管理规范。具体来说，应制定预算管理规定、资产管理办法等。这些制度的建立应考虑高职院校的教育性质、资金流向和使用效率，还要符合国家财经法规和行业标准。制度的完善需要结合实际情况，以确保其时效性和适应性。通过这一过程，高职院校可以在确保财务活动合规性的同时，提高资金使用效率，促进学校健康可持续发展。

规范内控活动则着重于实施和执行这些制度，对此，高职院校需要建立一套有效的内控机制，以确保财务管理的每一个环节都在制度的框架内运行。内控活动的规范化要求明确各个职能部门的责任和权限，实行职责分离原则，防止职务滥用和财务风险。同时，应加强内部审计和监督，定期对财务活动进行检查和评估，以确保制度执行的有效性。此外，还应利用现代信息技术手段，如财务管理软件，来提高内控活动的透明度和效率。

（三）健全预算管理，提高预算水平

健全预算管理意味着要建立一个更为科学、合理且透明的预算机制和执行流程。高职院校需要制订详细的年度财务预算计划，其应包括教学、科研、基础设施建设等方面的支出，以及学校运营和发展的各个方面。在这个过程中，预算的编制应基于学校的实际需求和长远发展目标，还要符合国家的财务管理规定和教育政策。为了提高预算管理的透明度和公正性，高职院校应促使预算公开和师生参与，以确保预算编制过程中各方的利益得到平衡和考虑。

提高预算水平不只是增加预算总额，还要提升预算的使用效率和效果。高职院校在预算执行过程中应实施严格的监督和评估机制，通过定期进行财务报告和审计，学校管理层能够及时了解预算执行情况，发现

并解决可能存在的问题。高职院校应积极探索多元化的资金筹措渠道，如加强与企业的合作、拓展服务性财务活动等，以增加财务收入，为教育和科研活动提供更多的资金保障。高职院校还可引入现代信息技术手段，如预算管理软件，这样可以有效提高预算管理的精确度和实时性，帮助学校管理者更加科学地分配和使用资金。

（四）提高监督控制，强化审计职能

高职院校应建立更加严格和全面的财务监督控制系统，以确保财务活动的透明性和合规性。提高监督控制要求高职院校对所有财务活动进行全面监视，包括资金的筹集、分配、使用及其效果评估，这既需要完善的制度和规范，又要依靠有效的监控机制，如定期进行内部审计、实施财务报告制度等。这些措施可以帮助高职院校发现和纠正潜在的财务管理问题，防止资源浪费和财务风险的发生。

强化审计职能则通过加强内部和外部审计工作来实现。内部审计需关注日常财务操作的合规性和效率，外部审计则提供一个独立的评估角度，以确保高职院校的财务报告的真实性和可靠性。审计工作应不断适应新的财务管理挑战，采用先进技术和方法，如数据分析和风险评估工具，来提升审计的效率和准确性。

（五）加强风险管理，防范财务风险

高职院校应建立和完善风险管理体系，其包括识别、评估和控制可能对学校财务安全造成威胁的各种风险。高职院校需要对财务活动中的潜在风险进行系统性分析，如预算超支、资金流动性问题、投资风险等，并制定相应的应对策略。这一过程要求财务管理者具备高度的风险意识和专业判断能力，以便及时发现并处理可能出现的风险。学校应定期对其财务制度和操作流程进行审查和更新，确保其与当前的经济环境和教育政策保持一致，减少因外部变化导致的财务风险。

第三节 高职院校财务的岗位设置及队伍建设

一、高职院校财务岗位设置的一般要求

在我国高职院校中，工作岗位主要分为管理岗位、专业技术岗位和工勤技能岗位三大类。管理岗位通常涉及高职院校的领导或管理层，承担着学校管理和领导工作。专业技术岗位则细分为教师岗位、其他专业技术岗位以及附设专业技术岗位，其中的"其他专业技术岗位"主要从事技术类工作，要求工作人员具备一定的专业技术水平和能力。工勤技能岗位主要从事后勤工作。

高职院校的财务岗位结构体现了这一分类，管理岗位主要是指各部门的负责人，他们主导财务管理决策和整体运作，而其他专业技术岗位是指那些执行具体财务操作和日常管理任务的工作人员。无论是部门负责人还是专业技术岗位的工作人员，都必须具备与岗位相符的专业资格和能力。此外，财务部门的人员配置、财务人员的专业技术职务考评，以及二级财务部门负责人的任命和调换等方面，均需由高职院校的一级财务机构及相关部门统一管理和办理。

二、高职院校财务内部控制的关键岗位与对应职责

（一）预算业务岗位

在高职院校中，财务预算管理体系的构建因校而异，以适应各自的特定需求和实际情况。通常，这一体系包括三个核心部分：决策层的预算业务管理决策机构、实务操作层的预算业务管理工作机构，以及负责实际执行的预算执行机构。为确保预算管理的独立性和透明性，高职院校在预算编制、审批、执行及决算评价等关键环节上，均维持着岗位的独立性。

预算业务岗位在高职院校财务管理中的主要职责涵盖了编制全校的

综合财务预算，监控和分析整体及专项资金预算的执行情况。该岗位还负责各学院或部门的预算和决算的编制，以及提供重要的财务信息，如资金分配、会计核算数据等。这些工作一般由学校的财务部门来负责执行。在此基础上，高职院校还可能设立专门的预算归口管理部门，这个部门的工作人员主要负责整合预算执行机构提出的预算建议和调整方案，审查预算的追加和调整申请等。预算归口管理部门在处理跨部门的经济业务时起到先行审核的作用，确保预算建议合理有效后，再交由预算业务管理工作机构进行综合平衡。①

（二）会计核算岗位

会计核算，亦称作会计记录，是会计工作的核心环节，通过货币这一主要计量工具来详细记录和反映一个组织的财务流动。这一过程是会计领域的基石，涉及对已发生或已完成经济活动的详细事后处理，包括但不限于记账、计算账目和准备财务报告。会计核算岗位的工作人员承担着精确记录每一种经济活动的重要职责，具体内容如表 2-1 所示。

表 2-1　会计核算岗位职责

职责内容	详细描述
审核原始单据，编制并复核记账凭证	（1）审核所有原始单据如收据、合同等，确保每笔交易的真实性和合法性； （2）基于单据编制记账凭证，并进行严格复核，保证记录准确无误
监督经费使用进度，做好经费年终结转	（1）密切关注经费使用进度，及时调整资金分配； （2）进行年终结转，确保经费在财政、银行账户和账面上的一致性
定期清理往来款项信息	定期整理往来款项信息，包括确认应收款、应付款的准确性，确保财务报表的真实性和可靠性，这样可以维持账目的清晰

---

① 辛妍：《新时期高校财务管理与审计》，新华出版社，2021，第 62 页。

续　表

职责内容	详细描述
定期与学校资产管理部门核对国有资产报账情况	定期核对国有资产的账面记录与实际情况，确保学校资产的完整性和安全性
整理会计凭证及账簿，做好会计档案管理工作	（1）整理会计凭证和账簿，保障会计信息的可追溯性和完整性； （2）管理会计档案，这样利于内部审计和外部检查，还可确保财务数据的长期安全存储

1. 审核原始单据，编制并复核记账凭证

此环节是确保会计记录准确性的基础。会计人员需仔细审核所有原始单据，如收据、合同等，以确保每笔交易的真实性和合法性，基于这些单据，编制记账凭证，并进行严格的复核，确保每项记录正确无误。这一过程是会计核算的起点，对整个财务管理流程至关重要。

2. 监督经费使用进度，做好经费年终结转

会计人员要密切关注经费的使用进度，及时调整和优化资金分配。年终结转工作是对一年财务活动的总结，要确保经费在财政、银行账户和账面上的一致性，避免资金错配或浪费。

3. 定期清理往来款项信息

定期清理和整理往来款项信息，包括确认应收款、应付款的准确性，确保财务报表的真实性和可靠性，这样有助于维持账目的清晰。

4. 定期与学校资产管理部门核对国有资产报账情况

定期进行资产核对工作，有助于确保国有资产的账面记录与实际情况相符。这一步骤对于确保学校资产的完整性和安全性至关重要。

5. 整理会计凭证及账簿，做好会计档案管理工作

会计凭证和账簿的整理是保障会计信息可追溯性和完整性的关键。良好的会计档案管理不仅有利于内部审计和外部检查，也是确保财务数据长期安全存储的重要环节。

（三）资金业务岗位

结合《行政事业单位内部控制规范（试行）》第十九条的规定，对资金业务岗位的职责进行详细阐述。其具体内容如下：

1. 核对资金流向，确保资金正常往来

资金业务岗位的工作人员需认真核查每一笔资金的流向，确保每次资金往来的正常和合法性。对此，应对资金进出进行详细记录，验证相关的账目和表单数据，保证账目记录、银行单据及相关报表三者信息的一致性。开展这种核对工作有助于防止资金误用或挪用，确保资金的正确流转，保障单位的财务安全。

2. 执行资金支付控制制度

此职责要求资金业务岗位的工作人员严格遵守资金支付控制制度，如审批程序、支付限额等。通过这种方式，可以有效控制资金的支付过程，避免不必要或未经批准的资金流出。严格的资金支付控制制度是确保资金收付安全的关键，有助于预防财务欺诈和错误，保障单位的经济安全。

3. 保密资金支付相关信息

资金业务岗位的工作人员还必须做好资金支付相关信息的保密工作，包括对单位的资金支付细节、账户信息、支付程序等敏感信息进行保护，防止信息泄露可能带来的风险。采用保密措施有助于防止资金被非法侵占或滥用，确保单位的财务信息安全。

（四）会计稽核岗位

会计稽核岗位工作人员的主要任务是确保财务部门的业务运作符合既定的标准和规定。具体来说，他们需要对财务部门进行全面的审查，如账目核对、财务报告的审核、预算执行的监督等。通过这些活动，会计稽核人员能够及时发现并指出可能存在的错误或不规范操作，防止财务风险的发生。此外，会计稽核人员还负责提出改进建议，帮助解决发现的问题，以优化财务管理流程和提升工作效率。他们的工作不只是监督和检查，更要推动财务部门持续改进，确保日常工作的顺利进行。

（五）信息系统管理岗位

随着高职院校逐渐采用现代化技术手段，信息系统管理在财务管理中的作用日益凸显，具有广阔的发展前景。信息系统管理岗位的职责主要体现在以下几个方面：

1. 软件的开发与使用

在计算机技术日益普及的背景下，信息系统管理人员需要负责相关软件的开发和使用，其包括选择适应高职院校财务管理需求的软件，以及根据实际工作流程定制或优化软件功能。这样的职责要求工作人员既要有扎实的计算机技术基础，又要对财务管理流程有深入的了解。

2. 财务网站功能维护

此职责包括高职院校财务网站的日常功能维护，确保其正常运行。信息系统管理人员应及时更新数据库，确保所有财务数据的准确性和时效性。信息系统管理人员还要做好数据备份工作，以防数据丢失或损坏，保障财务信息系统的安全和可靠性。

3. 遵守会计电算化管理规定

信息系统管理人员还需要严格遵守会计电算化的相关管理规定，严格按照国家和行业关于会计电算化的法律法规以及标准操作程序来操作和管理财务信息系统，确保所有财务数据的录入、处理和报告流程符合会计原则和规范，保障数据的准确性和完整性。在日常工作中，信息系统管理人员应定期对系统进行审计和评估，以确保其符合会计电算化的最新要求和标准。

三、高职院校财务的队伍建设

（一）财务管理队伍的基本结构

高职院校财务管理团队的构建需要从多个维度进行考量，以形成一个高效、均衡且专业的团队。其具体内容如下：

第一，考虑到专业技术结构，高职院校的财务管理团队应该由具有专业教育背景和专业技术资格的人员组成。这一团队不应局限于传统的财务会计人员，而是应该包括具备不同专业技能的人才，如计算机、金融、工商管理、法律和税务等专业人才。这样的多元化专业结构有助于应对复杂多变的财务管理需求，确保团队能够从容处理各种财务问题。团队中还应包含不同级别的专业技术资格人员，如初级、中级、高级职称人员，以促使技术层次丰富和完善，提高整个团队的专业水平和应对问题的能力。

第二，从年龄结构的角度来看，当前高职院校财务管理团队的年龄分布呈现出不均衡的趋势，青年人才和经验丰富的老年人才之间存在断层。为了解决这个问题，高职院校应重视年龄梯队的建设，合理配置不同年龄层次的工作人员，以确保团队中既有充满活力和创新思维的年轻人，又有经验丰富、稳重的老年人，形成互补和协同，进而保持团队的活力和持续发展能力。

第三，关于性别结构，目前高职院校财务管理团队中男女比例较失衡。为了改善这一状况，高职院校在招聘和培养财务人员时应更加注重性别平衡，旨在构建更加均衡和谐的工作环境。高职院校应制定合理的会计职称评定标准，提高财务人员的专业素养和职业能力，尤其是增加中高级专业技术资格人员的比例，从而提升整体团队的执业水平。此外，高职院校还应关注维护财务人员的合法权益，创造公平、正义的工作环境，这对于提升团队的整体士气和工作效率至关重要。

（二）实施定期轮岗制度和关键岗位人员退出机制

实施定期轮岗制度和关键岗位人员退出机制是一个关键措施，旨在增强团队的灵活性和适应性，同时防止职务滥用和腐败现象。定期轮岗制度指的是在一定周期内，将财务部门的工作人员在不同的岗位间轮换，以便他们能够获得更广泛的工作经验和知识。这有助于工作人员全面了解整个财务管理流程，增强工作能力和职业素养，还可以提升团队的整体运作效率。通过轮岗，工作人员可以从不同的角度了解和掌握财务管理的各个环节，从而更有效地识别和解决问题。此外，定期轮岗制度还有助于防止长期固定在某一岗位可能产生的职业疲劳和盲点，增强工作的新鲜感和创造力。

关键岗位人员退出机制也是高职院校财务队伍建设的重要组成部分，这一机制主要针对那些处于财务管理核心位置的员工，如负责重大财务决策或涉及大额资金操作的岗位。关键岗位人员退出机制确保这些关键岗位上的人员能够在一定时间后离开其职位，由其他合格人员接替。这种机制的实施有助于防止权力过分集中和潜在的不正当行为，并确保团队中的知识和经验得到有效传承。该机制的实施既需要明确的标准和程序，确保其公平、公正地执行，也需要定期评估其效果，以确保其符合高职院校财务管理的整体目标和需要。

（三）实施财务管理人员培训制度

实施这一制度的核心目的在于不断提升财务人员的专业能力和职业素养，以适应快速变化的财务管理环境。财务管理人员培训制度应包括对最新财务管理理论、法规的学习，以及最新财务软件和工具的操作培训，以帮助员工及时更新其专业知识，提升他们运用现代技术进行财务管理的能力。培训还应注重提高员工分析和解决问题的能力，尤其是在处理复杂财务问题和作出决策时。制订一个持续的职业发展计划对于员工的长期成长和激励同样重要，对此，高职院校应提供职业晋升的机会和鼓励员工取得更高级的专业资格。

此外，还应实施定期和有针对性的培训计划。这种计划应根据高职院校财务管理的具体需求和员工的个人发展需要来设计。例如，对于初入行的财务人员，培训重点可能放在基础的会计知识和财务软件操作上；而对于经验丰富的高级财务人员，则可能更加注重高级财务分析、策略规划和领导力培养。高职院校应鼓励和支持财务人员参加外部的专业培训、研讨会，以帮助他们开阔视野，使他们了解行业最新动态和最佳实践。

（四）财务管理人员激励制度

一个有效的激励制度既可以增强员工的工作满意度，又能促进其对高职院校财务管理工作作出贡献。财务管理人员激励制度应包括公平合理的薪酬体系，财务人员的工资水平应与其工作的复杂性、责任大小以及市场标准相匹配。同时，应设立绩效奖金和年终奖等，可以根据个人和团队的工作表现进行奖励，以此激励员工达成和超越既定的工作目标。非物质激励，如职业发展机会、培训和教育支持，也是重要的激励手段，可以帮助员工实现个人成长和职业规划。

此外，塑造积极的工作文化和环境，对于持续激励财务管理人员至关重要。创造具有支持性和包容性的工作环境，可以增强团队成员之间的信任和合作，提高工作效率。例如，鼓励员工积极发表意见，可以让员工感到他们的意见被重视，增强他们的归属感和工作动力。高职院校还可以定期举办团队建设活动，加强团队成员间的联系，促进相互之间的理解和协作。对于那些表现出色的员工，高职院校可公开表彰和奖励，这样可以激励其他员工学习和提升。

第三章 高职院校财务预算管理的内部控制

第一节 预算管理内部控制概述

一、预算控制的概念

预算在本质上是对未来某一特定时期内收入和支出的预测与规划，通常以财务或非财务指标表达预期成果。预算管理则涉及利用这些预算对组织内不同部门和资源进行综合调配、控制和评估的过程，目的在于优化管理模式和提升经济效益。这一过程包含了对预算的制定、执行、调整和评价等多个阶段。通过这种系统化的管理，组织能够更有效地实现其目标和任务。

在高等教育领域，高职院校的预算是基于其事业发展目标和计划而制订的年度财务收支计划[①]，这是学校一年内事业计划和工作任务的货币体现，也是对学校教学、科研、行政和后勤等各方面业务活动的财务管理和监督。通过这种预算管理，高职院校能够了解日常经营活动中的收入和支出。

预算控制则是指依据预定的收入与支出标准对高职院校的财务活动

[①] 陈荣芳、袁东芝：《运用绩效预算实施高校节约型财务管理的探索与思考》，《商业会计》2011年第29期。

进行监督和检查的过程。这一控制机制旨在确保各类活动能够达到既定目标，并在财务活动中实现学校资源的合理利用。

预算控制是高职院校财务管理中的关键环节，它全面渗透于预算管理的各个阶段，确保了预算的高质量执行，提升了预算管理的整体效能。高职院校需紧跟预算改革的趋势，着重于实现其财务管理的可持续发展。这就要求高职院校在预算控制中考虑其特有的财务预算特性，实现从制定到执行的全过程控制。通过逐步完善预算控制制度，强化学校预算的约束力，高职院校可以更有效地管理和监督其经济活动。实践已经证明，有效的预算控制是掌控学校经济活动的关键。

根据《行政事业单位内部控制规范（试行）》的规定，预算控制与预算业务控制有着本质的不同。预算业务控制更多关注于预算过程本身的内部控制，涵盖了预算的编制、审批、执行、监督、决算和绩效评价等关键环节。例如，高职院校在资金支付业务上，必须遵循预算批复的额度和规定的开支范围，以此形成对资金使用的有效约束。预算控制则更广泛地涉及对整体经济活动的控制，存在于收支业务、政府采购业务和建设项目等多个方面。例如，在政府采购业务中，必须经历先预算、后计划、再采购的流程，以发挥预算对资产购置行为的约束作用。这样的区分表明，高职院校的所有经济活动都需在强化预算约束下进行，以规范和制约其经济行为。因此，高职院校在实施预算控制时，应该明确区分预算业务控制和预算控制两个层面，确保两者在实际操作中各司其职、相互补充。通过这种分层次、多维度的控制机制，高职院校可以更有效地管理财务资源，保证各项经济活动的合规性和效率。

二、预算管理内部控制的意义

预算控制本质上是一种有效的管理和控制工具，其过程始于预算的编制，标志着控制活动的启动。在管理领域，预算通过具体化的数据形式为管理工作设定标准，为实现组织目标提供了明确的方向和参照。从这个角度看，预算控制实质上是对这些关键数据的监控和管理，确保管理活动与预定的计划保持一致。预算既反映了计划的具体内容，也充当了实现计划的关键开关。

在预算制定的过程中，基于既定标准和目标进行预算编制是至关重要的。这些标准和目标为预算提供了坚实的基础，在必要时可对标准进行调整，以适应变化的环境和目标。在这个过程中，预算的制定和调整帮助提升了组织目标的达成水平。由于预算以数据为基础，对于计划执行过程中的偏离更容易识别和评估，因而为高职院校及时发现问题、采取纠正措施提供了依据。

三、预算管理内部控制的特性

预算管理内部控制主要包含三大特性，如图 3-1 所示。

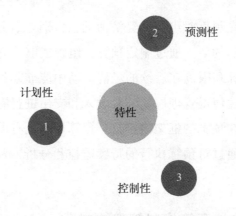

图 3-1　预算管理内部控制的特性

（一）计划性

计划性指的是在预算管理过程中强调事先规划和设定目标的重要性。预算作为一种管理工具，其主要作用是在财务资源分配和使用前提前制订详尽的计划，这种计划性体现在预算编制过程中，需要基于对未来一定时期内组织的财务需求和目标的预测来设定。通过设定具体的财务目标和限制，预算确保了组织的资源得到有效和有序的使用，降低了运营中的不确定性。计划性也意味着预算管理必须考虑到组织的整体战略和运营目标，确保预算的制定与组织的长远发展方向保持一致。

（二）预测性

预测性强调了在预算制定过程中对未来财务情况和需求的预估和预测的重要性。预测性体现在通过对组织未来的收入、支出、资金流动等进行科学分析和合理预测，从而制订既实际又高效的预算计划。这种基于数据分析和市场趋势预测的方法使得预算管理不只是对当前财务状况的反映，更是对未来可能发生情况的主动规划。预测性确保了预算反映组织当前的财务需求，而且能够适应未来可能出现的变化和挑战。

（三）控制性

控制性体现在预算对组织的经济活动，特别是财务资源的使用，提供了明确的指导和约束。通过制定预算，组织能够确立具体的财务目标和限额，这些目标和限额在后续的经济活动中能够起到监督和调节的作用。预算的控制性使得管理层能够对收入和支出进行有效监控，确保所有的财务行为都在预定的框架内进行。预算控制也有助于识别和防范潜在的财务风险，通过对预算执行的持续监控和分析，及时调整和优化财务策略。

四、高职院校预算编制管理控制

（一）高职院校预算编制管理控制的要求

在高职院校的财务管理中，预算管理控制可以分为广义和狭义两种。广义上的预算管理控制涵盖了预算的整个生命周期，包括编制、审批、执行、调整及最终的分析和考核阶段。[①] 这种全过程控制涉及事前的准

---

① 李彦兴、闫述乾、陈步高、王琦：《新财务规则下高校预算编制控制方法研究》，《商业会计》2013 年第 9 期。

备、事中的执行和事后的评估，确保预算管理的全面性和连续性。狭义的预算管理控制则专注于利用预算对学校经济活动进行直接控制，如资金的分配和使用。这种控制更侧重于预算执行过程中的监督和调整。

在这两种预算管理控制中，广义预算管理控制的首要环节是预算编制控制。这个环节是预算管理的起点，更是确保整个预算管理控制有效性的关键。预算编制控制涉及多个方面：首先，它要求在编制预算前进行全面的准备，包括分析上一年度预算的执行情况、掌握相关的基础数据、收集即将影响预算期收支的相关信息；其次，编制预算还需要明确预算编制的具体要求，如了解人员经费和公用经费的管理制度，以及选择合适的预算编制方法，如固定预算、弹性预算、增量预算、零基预算或滚动预算等。

（二）高职院校预算编制管理控制的步骤与要点

高职院校进行预算编制管理控制时，需要按照一定的程序进行，如表 3-1 所示。

表 3-1　高职院校预算编制管理控制的步骤与要点

步骤编号	预算编制管理控制步骤	主要内容与要求
1	立项申请	填写《立项申请审批单》，明确项目目的、预期成果，包括资源需求、潜在风险评估及应对策略，确保项目合理性和符合高职院校发展战略
2	项目审核	全面审查立项申请，评估项目可行性、预算合理性、资源需求、风险和预期成果，确保项目对学校目标达成作出贡献
3	项目库动态管理	持续监控和更新预算项目数据库，评估项目进展、资金使用效率和目标实现程度，及时识别并解决问题
4	预算工作部署	明确预算编制的要求、方法、模板和时间节点，确保预算编制流程有序、高效并符合财务管理标准

续　表

步骤编号	预算编制管理控制步骤	主要内容与要求
5	预算建议数填报及审核	各部门基于年度财务决算、预算执行情况和工作计划提出预算建议，归口管理部门和财务部门进行汇总和审核，形成预算建议数，经领导小组审核后报送，上报时要明确预算收入和支出范围
6	预算控制数内部下达	将经批准的预算控制数从管理层传递到各部门，确保部门明确预算限额和目标，提供指导和解释，以提高执行效率
7	预算草案编制	部门根据预算控制数制定预算草案，包括基本支出和项目支出的详细填报，考虑经常性项目和延续性项目，选择合适的预算编制方法
8	预算草案审核	审查预算草案的收入预测和支出计划的合理性，检查是否符合财务标准，评估项目支出的紧迫性和必要性，确保资金合理分配

1. 立项申请

这一步骤的首要任务是填写《立项申请审批单》[1]，其核心在于确保申请的明确性和合理性。立项申请的原则和要求应聚焦于确保项目的可行性、必要性和符合高职院校的发展战略。其具体内容如下：①立项申请需要明确项目的目的和预期成果，包括对项目背景、目标、预期影响以及如何促进教育和研究工作的详细阐述；②立项申请应包括对项目资源需求的全面评估，如对预算资金、人力资源及其他必要资源的评估；③立项申请还应包含对潜在风险的评估及应对策略，确保项目在执行过程中的风险可控；④立项申请应符合高职院校的预算编制规则和流程，并能通过相关部门的审批。

2. 项目审核

项目审核是确保预算合理性和有效性的关键步骤。项目审核的主要

---

[1] 辽宁省教育会计学会：《高等学校内部控制实施指南》，东北财经大学出版社，2018，第23页。

目的是对提交的立项申请进行全面审查，以确定项目的可行性、符合度以及其对学校整体目标达成作出的贡献。这一过程涉及对项目的目标、预算、资源需求、潜在风险以及预期成果进行细致的评估。审核需要由专门的审核团队或委员会来执行，他们将基于项目的详细内容、预算合理性以及与学校长期战略的一致性来进行评估。此外，项目审核还应包含对项目的可持续性和长期影响的考量。在这个阶段，关键是确保每个项目都能够为学校的教育和研究任务带来实际价值，并在财务资源分配上保持公正和效率。

3. 项目库动态管理

项目库动态管理涉及对高职院校所有预算项目的持续监控和更新，以确保预算的适时性和准确性。项目库动态管理的核心在于建立一个包含所有预算项目的综合数据库，并定期对其中的信息进行审核和更新，这包括评估项目的进展情况、资金使用效率以及项目目标的实现程度。通过动态管理，高职院校可以及时识别和解决项目执行过程中出现的问题，如资金短缺、进度延误或目标改变等。项目库动态管理还有助于高职院校预算部门更好地预测未来的资金需求，为制定更加合理和有效的预算提供支持。

4. 预算工作部署

该步骤涉及预算编制的具体要求、方法、模板及时间节点的明确设定。这一步骤的核心目的在于确保预算编制的整体流程有序、高效，并符合学校的财务管理标准。其具体内容如下：首先，明确编制要求意味着要对预算的目标、范围以及与学校发展目标的一致性进行详细说明；其次，预算编制的方法应该明确，包括采用的财务模型、评估工具及其适用条件；再次，提供统一的预算编制模板可以确保各部门或项目在编制预算时的一致性和准确性；最后，设定具体的时间节点，如预算草案提交、审议、调整和最终批准的时间，对于预算编制的顺利进行至关重要。

5. 预算建议数填报及审核

在高职院校的预算编制过程中，遵循中长期规划和滚动预算的原则至关重要。各业务部门需基于先前年度的财务决算、当前年度的预算执行状况以及来年的工作计划，进行综合估算，并据此提出自己部门的预算建议。这些建议先被归口管理部门汇总并进行初步审核，特别要对支出事项进行审核，确保其合理性和符合规定。随后，财务部门对这些数据进行再次汇总和审核，形成整个高职院校的预算建议数。这一数字经校财经工作领导小组审查后，提交给学校的高层领导机构，并由财务部门负责向上级主管部门报送。在上报预算建议数时，必须明确指出预算收入和支出的范围，这应符合相关制度规定，以确保预算的准确性和合规性。

6. 预算控制数内部下达

该步骤涉及将经过审核和批准的预算控制数从高级管理层传递到各相关部门。这一步骤的核心在于确保所有部门明确了解自己的预算限额和相关目标。预算控制数的下达需要明确、准确，确保每个部门或项目组都能够根据预算控制数制订和调整各自的运营计划和财务策略。此外，在内部下达过程中，高职院校财务部门需提供足够的指导和解释，帮助各部门理解预算数的制定依据及其在整体财务规划中的作用，这有助于提高部门对预算的接受度和执行效率。

7. 预算草案编制

在高职院校的预算草案编制过程中，每个部门需根据授予的预算控制数来制订自己的预算计划，这要求相关部门在草案中对每一项预算事项提供清晰的申报理由、计算依据和预期达成的目标。基本支出的预算编制应严格遵守国家关于人员和费用定额的规定与标准，若国家未有明确规定，各部门需要结合学校的运营现状和当地的经济消费水平来合理设定标准，以确保预算草案的合理性和适应性。

对于项目支出的预算编制，需要按类别进行详细填报。一方面，维持日常运营的经常性项目应基于本年度预算执行情况，并考虑可能的变动因素进行合理测算。另一方面，以往年度未完成且计划在下一年度继续执行的延续性项目应从下年度预算中剔除。对于新增项目，应从已有的项目库中选择。对于未被纳入项目库但紧急需要的项目，必须提供相关文件作为申报的依据。

8. 预算草案审核

此阶段的主要任务是对各部门提交的预算草案进行细致的审查，以验证其是否符合学校的财务规则和战略目标。在审核过程中，重点关注草案中的收入预测和支出计划是否合理，是否存在超出预算控制数的情况，以及预算中提出的各项费用是否有充分的依据和合理的预期目标。此外，还需要检查预算草案是否遵循了相应的财务标准，包括是否符合国家和地方的相关财政规定。为了确保资金被分配到最需要的领域，预算草案审核还要考虑项目支出的紧迫性和必要性。

（三）高职院校预算编制管理控制方法的构建

1. 细化校内预算编制内容和格式

在高职院校的预算编制管理控制中，细化预算内容和格式是实现有效预算控制的基础，也是预算改革的关键方向。为此，高职院校应当根据支出的经济分类科目和资金来源来细化预算编制，特别是在项目支出预算方面。具体而言，高职院校在制定校内预算时需要考虑现有的部门预决算报表软件的特点，并结合自身的实际情况，这要求高职院校在预算编制过程中坚持细化和完善的原则，以现有部门预算数据为基础进行深入细化。此外，高职院校还应按照部门决算报表的格式要求来精确制定校内预算的内容和格式。通过这种细化的预算编制方式，高职院校能够更精确地掌握和管理财务资源，有效地提高预算编制的质量和适应性。

2. 建立项目库，推行滚动预算

为应对高等教育领域资金投入不足、经费紧张以及近年来专项经费支出进度缓慢、资金沉淀问题，高职院校应建立项目库并推行"滚动预算"制度。滚动预算，也被称为连续预算或永续预算，是一种随着预算执行过程不断延伸和补充预算的方法，确保预算期始终保持固定。高职院校应当分类别、分时段地建立滚动的项目库，这包括项目储备库和项目执行库两大类。[①] 对于那些获得专项资金支持或已纳入年度预算的项目，应纳入项目执行库进行专门管理。而那些尚未获得资金支持或未纳入年度预算的项目，则应根据其重要性和紧急程度放置在项目储备库中。这样，在年度预算执行过程中，高职院校可以根据省级及以上的经费拨款情况，随时从项目储备库中提取项目进行预算支出，既保证了教学和科研工作的顺利进行，又避免了专项经费的过多沉淀和浪费，从而实现资金使用的最大化效益。

第二节　高职院校财务预算管理的全过程控制

一、对财务预算编制的科学性控制

预算编制作为高职院校财务管理中的重要环节，其科学性和合理性对整个预算管理流程至关重要。然而，当前部分高职院校预算编制的科学性较低，其主要内容如下：首先，关于财务预算管理的组织结构，尽管部分高职院校已建立预算管理委员会并制定相关规程，但这些机构和制度往往未能有效运作，在实际操作中，部分预算项目的用途和使用方向存在变更现象，说明预算管理委员会的监管作用并未得到充分发挥；其次，在预算编制方法方面，部分高职院校的预算编制工作由财务部门负责，常常以往年收支为基础进行预算安排，这种方法由于缺乏对未来变动因素的充分考量，导致预算执行过程中频繁出现调整和追加经费的现象，削弱了预算管理的有效性；再次，高职院校财务部门在预算编制过程中缺乏对基层部门深入的调研和理解，未能对预算项目进行具体的

---

① 李彦兴、闫述乾、陈步高、王琦：《新财务规则下高校预算编制控制方法研究》，《商业会计》2013 年第 9 期。

量化分析和指标细化，许多预算项目未经过充分的可行性论证和绩效评估就被纳入预算，导致部分专项资金的使用缺乏充分的理论支撑；最后，预算编制的数字准确性也是一个问题，缺少可靠的预算编制依据，使得单位的收入和支出数字存在不准确性，进而导致部分部门资金过剩而其他部门资金紧张，需要追加预算，使得预算编制偏离了其所在的财务计划轨道。要想提升高职院校财务预算编制的科学性，需要从提高财务预算管理组织体系的有效性、采用更科学合理的预算编制方法、加强量化分析和科学论证、提高预算编制的数字准确性等多个方面着手，以确保预算管理的有效性和发挥预算控制的事前作用。

（一）建立科学的预算控制组织体系

建立科学的预算控制组织体系的核心在于构建以预算管理委员会为主导的二级预算管理体制。该体制既实现了预算的分级管理，也明确了各级组织和部门在预算管理中的具体职责和管理内容。这种体系的建立能够确保预算控制的有效性和透明性，因为它允许更精细化的预算编制和监控出现，并且促使各部门对自己财务活动的责任有所认知。此外，通过明确规定预算管理的职责分配，可以有效地减少管理上的重叠和混乱，提高决策的速度和质量。

（二）健全科学的预算控制管理制度

制度的完善有助于消除预算编制中的盲目性和随意性，确保预算管理的规范性和透明性。通过制定具体的内部预算管理制度和实施细则，高职院校可以明确预算的收支范围、编制程序、编制原则和编制方法，以及预算执行和调整的具体规定。这样的规定提供了明确的预算管理框架，促使学校与下属学院（部门）在预算编制和执行中各自的职责和权限得到明确，使得整个学校预算管理工作的每个环节都有明确的指导和依据。这种制度化的预算管理方法能够提高预算编制的质量和准确性，还能确保学校财务资源的有效分配和利用。

为了进一步加强预算管理工作的科学性，学校应组织召开预算工作会议进行动员和部署。在这样的会议中，学校可以提出明确的工作任务和编制的具体要求，以确保预算编制工作的目标一致性和方向明确。与此同时，学校财务处应对参与具体预算工作的人员进行专业培训，以确保他们对预算管理的制度和方法有充分的理解和掌握。通过规范的制度和统一的实施方式，预算管理工作可以进入程序化和制度化的轨道。

（三）采取科学的预算编制办法

预算编制应遵循"量入为出，收支平衡"的原则，以确保预算的合理性和可执行性。在收入预算方面，除了采用积极稳妥的方针，还应注重资金来源的多样化，以增加自筹收入比例，为高职院校的持续发展提供更广阔的财务空间。对于项目支出预算，应充分体现学校事业发展的规模和方向，特别是在教学和科研方面的投入，以期全面提升学校的办学条件和教学质量。这种预算编制方法既保证了预算的实际可行性，也有助于学校战略目标的实现。

高质量的预算编制应建立在准确、完整、及时的基础信息和数据之上。为此，高校需要建立一个全面的预算管理信息系统，包括预算数据库和项目库，以广泛收集和整理与预算相关的各类基础信息和数据。[1]这些信息和数据应经过严格核实，以确保财务预算的细致、实际和准确性。同时，应组织由财务、审计等专业人员组成的分析论证团队，充分发挥专业人员的集体智慧和监督作用，确保预算指标的客观性、合理性和准确性。另外，坚持广泛参与和公开透明的原则也非常重要，这不仅涉及自上而下和自下而上的预算编制程序，还包括调动师生员工的积极性，以确保预算编制过程的民主化和透明化。

---

[1] 陈紫莹：《加强高校财务预算管理的全过程控制》，《经济师》2012年第3期。

（四）科学划分预算控制科目

这一过程涉及将所有的收入和支出细化到具体的项目和预算单位，甚至到具体责任人，进而实现财务的全面透明和精确控制。在收入方面，预算科目应详细反映出财政拨款、预算外资金、非税收入等各类财源的具体情况，以确保收入的每一部分都能被准确追踪和管理。在支出方面，各类支出应细化为具体的科目，如工资福利、商品和服务、个人和家庭补助以及项目经费等，使资金的流向和用途更加清晰。

二、对财务预算执行的约束性控制

预算的执行一旦被确定，应当被视为具有严肃性和权威性的指令。理想情况下，预算执行部门应严格遵守预算规定，不得擅自进行变更或调整。但是，从当前高职院校的实际情况来看，预算执行的控制机制比较脆弱。尽管一些大型的专项支出经过了高职院校审计部门的严格审查，但对于那些小额但累计金额大、时间跨度长的项目，监控和审计往往不够充分，这主要是因为在预算执行过程中缺乏对执行进度的有效跟踪、分析和监督，因而导致问题的出现和资源的浪费。部分高职院校在预算执行和调整等方面缺少规范的制度，层级控制机制不够健全，预算管理责任的落实也不到位，未能对预算执行过程进行有效的跟踪监控和绩效评估，各部门的预算执行情况和进度信息也未能及时反馈。为了改善这一状况，高职院校必须加强对财务预算执行的约束性控制。高职院校需要建立和完善预算执行的监控机制，以确保预算的执行严格按照原定计划进行，避免预算资金的滥用和浪费。高职院校应当实施更严格的预算调整制度，对于任何预算项目的变更或调整，都应经过严格的审批流程。高职院校还应加强对各部门预算执行情况的定期检查和评估，确保预算约束得到有效执行，防止部门预算项目的随意改变和超标准费用开支出现。

（一）强化监督约束力

其主要内容如下：

第一，要强化审计监督约束，这要求学校审计机构定期对整个学校的预算目标完成情况进行全面的审计，既包括对各预算责任单位的财务收支情况的检查，也涉及对各预算管理机构管理效果的评估，这样的审计监督确保了预算的执行符合既定目标，并能及时发现管理中的问题。第二，要加强网络监控约束，即通过建立高职院校预算管理网络系统，实现对各单位、部门用款计划的实时监控。这既加强了预算执行的透明度，又提高了对预算执行中出现的特殊情况的响应速度，系统能够及时编制追加或调整预算，并进行严格的审核，进而严格控制资金的流向。若发现超预算或无预算的用款现象，系统会立即发出预警或禁止信息，并及时向学校决策者和各责任人传递预算执行情况，确保他们能及时掌握信息并作出相应的决策。

（二）强化审批约束力

在高职院校财务预算执行的约束性控制中，要采用"一支笔"审批制度，这一制度要求各经费申请单位的负责人对申请的经济业务合法性负责，并确保校级领导在审批过程中严格检查业务的合法性、真实性以及合理性，这种做法保证了财务活动的合规性和透明性，也强化了对经费使用的监控。财务部门在这一过程中扮演着关键角色，需以原始凭证和资金运筹情况为依据进行审批，以确保所有财务活动的合法性和凭证的合理性。各单位的经费审批必须严格限制在年度财务预算或收支计划的范围内，对于特殊情况下的超计划经费，应遵循"先申请调整预算，获批准后再执行"的流程。在预算执行中，领导的示范作用不容忽视，他们需要带头维护预算的权威性，坚守原则，抵制一切无预算或超预算的开支现象，避免随意调整预算。

（三）强化会计核算约束力

高职院校需要根据自身实际情况和内部控制要求，制定并实施一系列完善的制度，如岗位责任制、内部稽核制度、现金和票据管理制度、日常开支审批规定、结算中心核算规范以及科研项目和学科建设经费管理制度等。这些制度应在预算管理的全过程中得到有效执行。在实践中，必须严格按照预算方案确定的支出项目、使用范围和支出额度等来控制支出，防止出现弄虚作假、无预算或超预算的支出。特别是对二级拨款单位的资金分配，应避免仅凭预算数和计划数进行支出。对于共建专项资金和科技三项费用等具有特定用途的资金，更应严格按照项目规定的使用范围进行专款专用，确保经费支出与预算执行的同步性和一致性。

三、对预算绩效考评的激励性控制

（一）建立预算绩效考核体系

为了提高预算资金分配的效率和公平性，学校应建立一个全面的预算绩效考核体系，并将其作为员工和部门绩效评估的关键组成部分。这种考核体系既会考量预算执行的真实性和合法性，又会着重评估其科学性和效益性，确保预算管理与各部门的工作任务、业绩及经济效益紧密相连。学校应制定明确的绩效考核标准和奖惩措施，以确保预算执行的严格性和有效性。对于那些能有效增收节支、执行预算方案良好、提高资金效益的部门和个人，学校应给予适当的奖励，无论是精神上的还是物质上的；而对于那些执行预算方案不力，让学校产生经济损失的部门和个人，则应予以适当的批评和责任追究。

（二）设立预算绩效考核管理机构

建立专门的预算绩效考核管理机构是提升预算业绩的关键。这一机构应负责开展科学且合理的预算绩效考核工作，在考核时应采用定性分析和定量评判相结合的方法。要想精确评估各个预算项目和重点开支，以及各部门的固定经费，需要设定一系列细化的考核指标和评价标准。在此基础上，考核机构应根据各部门的预算执行情况，制定配套的奖惩措施，通过有效的评价和奖惩相结合的方式，构建一个规范、约束力强且重视绩效的预算管理新机制。

（三）实行预算项目追踪问责制

为确保高职院校财务预算的严格执行和透明管理，应实施预算项目追踪问责机制，确保责任明确化。高职院校应建立从校长到基层财会人员不同层级的责任体系，明确各级财务负责人及相关部门如财务、审计、监察、人事、教务等的具体责任。预算考核机构需定期对预算执行情况进行全面分析，检查收入的到位情况、各项支出的合理性和合法性，以及收支标准的执行情况。对于大型预算项目和关键支出，要重视其经济活动的真实性和合法性，以及经营决策的科学性和效益性。对未能有效履行监督和管理职责的部门和个人，应采取责任追究机制，确保造成经济损失的责任人都会被追责。

第三节 高职院校财务预算的执行管理与追加调整管理

一、预算执行管理

（一）资金计划及使用管理

1.资金使用计划编制

各部门需要根据自己的预算和资金需求定期制订资金使用计划，确保这些计划与预算的执行进度紧密相连。若在预算执行过程中出现资金变动情况，部门应重新制订资金使用计划并提供充分的合理依据。

2. 资金使用计划审核及上报

部门完成的资金使用计划需经过内部及归口管理部门的审核，再由校领导和财务部门进行最终审批。财务部门在审批通过后负责汇总并编制用款计划，这个计划应明确资金的支付方式、支付时间等关键信息，并进行部门内部的复核。

3. 用款额度批复

一旦用款额度获得批复，财务部门需将这一信息及时告知相关的资金需求部门。

（二）预算执行分析管理

业务部门必须根据部门预算批复中的具体指示来执行预算。对于支出范围和标准明确的项目，业务部门可以在完成工作后直接进行报销；对于"三公经费"等重点管控支出，则应有所区别。如果支出内容不明确，需申请执行，执行人员应填写《预算执行申请审批单》，并按照审批流程进行审核，未经审核或未通过的申请不得执行。在涉及购买商品或服务的情况下，应在预算执行申请通过后遵循正规的采购流程。

各业务部门应按照财务部门的要求定期编制报告，这些报告中应包括项目执行分析报告，内容包括项目名称、资金来源、业务执行进度、资金使用比例、项目周期及已执行时长、自评结果等。归口管理部门则应统计归口管理事项，编制归口事项统计分析报告，内容包括归口范围、性质、业务履行情况、资金使用情况，以及自评结果。财务部门应根据高职院校实际的资金收付情况，编制资金收支进度报告，内容涵盖收入事项及执行进度、支出事项及支出进度、自评结果等。这些报告至少每月编制一次。

财务部门对提交的这些报告进行综合分析，并编制预算执行报告。报告经过内部复核后，提交校财经工作领导小组进行评议，随后提交校长办公会进行评价和反馈。依据预算执行分析结果及评议反馈建议，相关部门应对预算执行或管理进行必要的改进，财务部门则负责督促这些改进的落实。

二、预算追加调整管理

在高职院校中，为了维护预算的正式性和实效性，在执行部门预算时原则上应保持稳定，不进行调整。然而，如果出现特殊情况，确实需要对预算进行调整，这种调整必须遵循预先设定的审批流程。部门预算调整通常是局部性的，相关部门需要制定调整方案，阐述调整的原因、具体项目和金额，并遵循部门预算调整的审批程序。若调减预算，则收回的预算金额将由学校统一调剂和使用。

追加预算依据资金来源的不同，可分为两种情况：

第一种情况是动用"预算预备费"。当业务部门或归口部门在执行预算过程中因不可预见的因素需要使用预算预备费时，相关部门需提交预算调整申请，详细说明调整的原因、项目和金额，并填写《预算调整申请表》。这一申请经过分管业务的校领导审批后，提交财务部门。财务部门在接收到预算调整申请后，进行审核并提出意见，根据金额大小执行不同级别的审批流程。具体的审批权限分为三个层级：调整金额低于 X1 的，由校长审批；X1 至 X2 的，由校长办公会审批；超过 X2 的，需提交高职院校党委常委会（党委会）审批。若涉及专项经费管理范围内的项目，需要先经校财经工作领导小组评审，然后上报校长办公会或高职院校党委常委会审批。

审批通过后，财务部门将下达《预算调整通知书》，业务部门或归口管理部门根据此批复执行相应的预算工作。通过这一严格的预算调整流程，可以确保预算的调整既有序又有效，同时保证预算管理的严谨性和适应性。

第二种情况是"年度期间到款需纳入预算核算"。对于年度期间收到的资金，需要纳入预算核算，在这种情况下，涉及资金的部门必须提出预算调整申请。申请应明确调整的理由和金额，并填写《预算调整申请表》。根据调整额度的不同，预算调整申请将经历分级审批流程，一旦分级审批通过，《预算调整申请表》将由财务部门正式确认，并下达《预算调整通知书》，收到批复的业务部门或归口管理部门应根据此批复组织实施相应的预算执行工作。这一流程确保了预算调整的合理性、透明性和规范性，保障了资金使用的合法性和效率，也增强了预算管理的灵活性和适应性，有助于更好地满足高职院校的财务管理需求。

第四节 高职院校财务内部预算控制新思路：网络报销

一、高职院校网络报销的优势

网络报销是高职院校财务管理现代化的体现，它通过转移传统报销流程至线上平台来实现。① 报账人员无须前往财务处进行现场报账，而是可以登录高职院校的网络报销系统进行操作。在该系统内，用户可以直接填写电子报销单据，并上传所需的报销相关原始凭证，接着，财务部门的工作人员将在线上进行审核，并在系统中打印出相应的记账凭证，从而完成整个报账流程。

与传统报销方式相比，网络报销存在显著的优势，因此，很多高职院校都开始采取此形式进行自助报销。其优势具体表现在以下几个方面，如图 3-2 所示。

---

① 王刚:《高校财务内部控制制度研究》，山西经济出版社，2023，第 48 页。

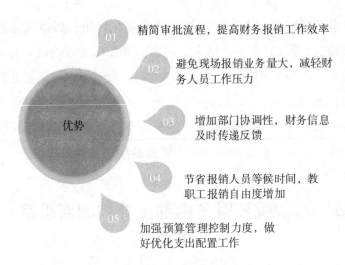

01　精简审批流程，提高财务报销工作效率

02　避免现场报销业务量大，减轻财务人员工作压力

优势

03　增加部门协调性，财务信息及时传递反馈

04　节省报销人员等候时间，教职工报销自由度增加

05　加强预算管理控制力度，做好优化支出配置工作

图 3-2　高职院校网络报销的优势

（一）精简审批流程，提高财务报销工作效率

在传统报销模式中，报账流程较为烦琐，涉及手工填写单据和多层次的审批，这既耗时又效率低下，尤其当报销人员与审批人员地理位置不同或时间不一致时，流程中的不确定性进一步增加，导致报销人员的时间成本上升，审批环节成为整个流程中最需优化的部分。而网络报销模式通过简化这些步骤，极大减少了时间和物理空间的限制。在该模式下，报账人员仅需在在线系统中填写和提交电子单据，并上传相关的原始凭证，审批人员随后在同一系统内进行审批和签字，无须面对面交接单据。这种方式加快了审批速度，减少了由于地理位置或时间不同步带来的不便，有效提高了整个报销流程的效率和透明度。网络报销系统因其操作简便、响应迅速的特点，大大优化了高职院校的财务管理流程，提升了工作效率，减轻了员工的工作负担。

（二）避免现场报销业务量大，减轻财务人员工作压力

在传统的现场报销环境中，会计人员常常面临巨大的工作压力，这会影响他们的判断力和决策质量，还可能导致价值判断失误。而网络报

销模式为财务人员提供了更加安静和专注的工作环境，在这种环境下，他们可以远离现场报销带来的压力和干扰，专心致志地进行单据审核，这种转变提高了工作效率，还减少了因工作压力导致的错误判断和失误。网络报销系统的应用，在提高工作效率的同时，为高职院校财务人员创造了更健康、更有效率的工作氛围，促进了整体财务管理质量的提升。

（三）增加部门协调性，财务信息及时传递反馈

在传统的财务管理模式中，信息传递和反馈主要依赖于财务人员的个人电子邮件，这种方式效率低下，信息共享有限。财务管理作为高职院校管理体系的重要组成部分，与教务、科研、资产和学生管理等多个部门紧密相连，因此信息的及时传递和有效反馈对整个系统运行至关重要。而网络报销系统提供了一个高效的信息共享平台，在这个平台上，各部门能够实时查看最新的财务数据，还能主动参与到信息流通中。这种信息共享机制使得其他部门的数据变动也能迅速在财务管理部门得到响应和同步调整。

（四）节省报销人员等候时间，教职工报销自由度增加

过去，教职工不得不亲自准备所有报销单据，并在财务柜台前耐心排队等待，在这个过程中，如果遇到高峰时段，排队时间可能会大幅延长，导致科研和教学人员在报销过程中耗费大量宝贵时间，影响其工作效率和积极性。相比之下，网络报销系统的使用使得教职工可以灵活选择报销的时间和地点，无须亲自前往财务处排队，极大地节约了他们的时间和精力。通过网络报销系统，教职工可以在任何有网络连接的地点快速完成报销流程，从填写单据到上传凭证都可以在线上操作，极大地简化了报销过程。这种便捷性一方面减轻了教职工的工作负担，另一方面也使得他们可以更加高效地安排工作和个人时间。此外，网络报销系统还提高了整个报销流程的透明度和追踪性，教职工可以实时跟踪报销进度，及时了解审批状态。

（五）加强预算管理控制力度，做好优化支出配置工作

网络报销系统为高职院校的预算管理带来了革命性的提升，在加强预算管理控制力度和优化支出配置方面表现突出。此系统允许设置具体的控制条件，当出现异常支出时，系统会自动触发警告。例如，在支付特定费用如劳务费、交通费时，一旦支出超过预定范围，系统将立即中止报销过程，由此一来，既确保了预算的严格执行，又防止了过度支出的发生。

网络报销系统还提供了对预算执行结果的实时分析和考核功能，这使得财务管理人员可以及时处理预算执行中的问题，通过系统及时向相关部门传递重要信息，促进了预算资源的优化分配。经费使用部门通过系统可以清晰地了解到经费的使用进度和详细情况，进而更有效地控制和管理各项支出。尤其在科研项目经费管理方面，这种透明度和实时性大大提高了资金使用的效益和管理水平。

二、高职院校网络报销的注意事项

尽管基于网络的报销方式带来了众多便利，但在实际应用中仍面临一些挑战。要想应对挑战并充分发挥网络报销系统的作用，高职院校应注意以下几个方面。其主要内容如下：

（一）要做好高职院校全员报账流程及软件使用培训工作

高职院校应根据不同员工的背景和需求实施有针对性的培训。例如，对于财务新手，需要进行全面的操作培训，确保他们能够熟练掌握网络报账的所有步骤和功能；对于教师群体，可以通过发放操作指南和教学视频等形式进行培训；对于行政人员，可以通过集中授课和实际操作练习来提高其报账技能。

（二）要建立沟通机制

在网络报账中，维持教职工与财务部门之间的有效沟通和反馈是提高报账效率的关键。虽然网络报账省去了亲自前往财务部门的步骤，但它也带来了沟通上的新挑战。不同于传统报账中面对面解决问题，网络报账在处理单据审核中出现的问题时需要采用其他沟通方式，如会计人员可以通过电话或电子邮件与报账人员进行沟通，以此处理在单据审核过程中出现的疑问或意见分歧。这种沟通方式虽然与传统方法不同，但同样可以有效地解决问题，确保报账流程的顺畅进行。因此，高职院校应在网络报账系统中建立明确的沟通机制，确保教职工在使用过程中能够获得及时的支持和反馈。

（三）要做好原始单据的传递保管工作，避免遗失的风险

虽然网络报销系统提供了便捷的电子化处理方式，但原始单据作为财务审计的关键证据，其完整性和安全性仍然不容忽视。高职院校应建立一套系统化的原始单据管理流程，确保从收集、传递到存档每一步的规范性和准确性。其具体内容如下：首先，需要明确原始单据的收集和传递责任人，确保单据从报账人员到财务部门的传递过程中不会遗失或受损；其次，应设立专门的存档区域，对原始单据进行分类、编号和安全存储，便于未来的查询和核对；最后，为降低遗失风险，建议采用扫描或拍照等方式对原始单据进行电子备份，并在网络报销系统中上传这些电子副本。这样，即使在物理单据丢失的情况下，也能保证审计和核对工作顺利进行。

（四）要注意网络安全及风险防范问题

随着网络技术的发展和应用，网络报销系统可能面临各种网络安全威胁，如数据泄露、系统入侵等，对此，高职院校必须采取有效措施来保障网络报销系统的安全性。高职院校应对网络报销系统进行严格的安

全评估，确保系统的安全架构能够抵御外部威胁；定期更新和维护系统软件，及时修补可能存在的安全漏洞，防止恶意攻击；对使用网络报销系统的教职工进行网络安全教育和培训，增强他们的安全意识，让他们了解如何安全地使用系统，避免潜在的风险；建立健全的数据备份机制，使其在发生系统故障或数据丢失时能够迅速恢复；实施严格的访问控制和身份验证机制，确保只有授权人员能够访问和操作系统。

（五）网络报销的开展需要高职院校领导的高度关注

高职院校领导的关注对于确保网络报销系统的顺利运行至关重要。领导层的支持不仅体现在系统建设的资金投入和资源配置上，还体现在制定和推行相关策略上。领导层需要了解网络报销系统的运行机制、潜在挑战以及预期效果，制定出符合高职院校实际情况的网络报销策略。领导层还应积极推动网络报销文化的建设，鼓励全校师生积极参与，形成良好的网络报销氛围。

高职院校领导需密切关注网络报销系统实施过程中的问题和反馈，包括及时了解系统运行的稳定性、用户体验的满意度以及网络报销对财务管理效率的实际影响。领导层应定期收集网络报销系统的运行数据，识别存在的问题，并采取措施进行改进。此外，领导层也应关注网络报销系统的安全性和风险控制能力，确保系统安全可靠，防止数据泄露和网络攻击。

三、高职院校财务网络报销模块及其价值

（一）高职院校财务网络报销模块

1.高职院校日常教学办公业务模块

该模块处理与日常教学和办公相关的财务报销事务。该模块专为教学和办公支出设计，使教职工能够方便快捷地提交与教学材料、办公用品、教学活动等相关的费用报销申请。

2.科研业务模块

该模块处理与科研相关的财务报销事务。这一模块专门针对科研项目的经费支出进行管理，包括科研材料费、实验设备采购费用以及与研究活动相关的差旅费等。

3.设备采购模块

该模块处理与设备购置相关的财务报销事务。该模块的主要职责是处理学校内部各部门对于教学、研究和办公所需设备的采购报销申请。它允许用户提交设备购买申请、上传采购合同和发票等相关凭证，并进行线上审批和报销处理。

4.学生业务模块

该模块处理学生相关财务报销事务。这一模块专门针对学生活动、奖学金发放、助学金申请、学生实习相关费用等方面进行报销和财务处理。

5.高职院校基建模块

该模块处理校园基础建设相关财务报销事务。此模块专注于与校园新建、改建相关的费用报销和财务审批。

6.高职院校日常维修及后勤保障模块

该模块处理与校园日常维修和后勤服务相关的财务报销事务。该模块的主要职责是管理校园设施维修、清洁服务、安全保障等后勤活动的相关费用。它允许后勤部门和相关人员在线提交维修费用、保养成本等报销申请，并进行电子化处理和审批。

（二）高职院校财务网络报销模块的价值

网络报销系统在现代高职院校管理中发挥着关键作用，其价值主要体现在预算管理、报销流程和数据分析这三个模块。其主要内容如下：

1.预算管理

该模块通过电子化和自动化的手段，极大地提高了预算制定、执行及监控的效率和准确性。它允许学校财务部门快速准确地制定和调整各部门的年度预算，以确保预算的合理性和可行性。通过网络报销系统，各部门可以实时查看和了解自己的预算执行情况，从而更有效地规划和控制支出。系统中的预算控制功能能够实时监测实际支出与预算之间的差异，及时发现和预警可能的超支情况，这种实时监控机制有助于防止预算超支，也使得预算调整更加灵活和及时。此外，网络报销系统还提供了详细的预算执行报告和分析工具，帮助财务管理人员和学校领导层深入理解预算执行的各个方面，从而更好地评估预算的有效性和效率。

2. 报销流程

这一模块通过数字化和自动化的流程，极大地简化了传统的报销程序，减少了烦琐的纸质文档处理和人工审核环节。它允许教职工随时随地通过网络平台提交报销申请，上传相关凭证，节省了前往财务部门排队等待的时间和精力。而网络报销系统中的自动审核和批准机制加速了报销流程，减少了人为错误的可能性，提高了报销的准确性。系统提供的实时追踪功能使得报账人员可以随时查看自己报销申请的状态，增强了流程的透明性。从财务部门的角度来看，网络报销系统提供的集中化管理和数据分析工具，使得财务管理人员能更高效地处理报销申请，进行预算控制，并及时发现和解决问题。

3. 数据分析

该模块通过收集和分析大量的财务数据，使得高职院校能够更加准确地掌握和理解财务状况。网络报销系统能实时更新和存储各类财务数据，包括报销申请、预算执行情况和实际支出等，这些数据的集中化管理为财务决策提供了可靠的依据。通过对这些数据的深入分析，高职院校可以识别和评估费用支出的趋势、预算执行的偏差，以及潜在的财务风险。这种分析不仅能帮助高职院校优化预算管理，还能促进资源的合理分配和使用效率的提升。系统还能生成多种财务报表和分析图表，为学校领导和财务管理人员提供直观、易懂的财务洞察，辅助他们作出更加明智的决策。

四、高职院校财务网络报销业务的步骤

网络报销系统通过一系列相互关联的子系统实现了资金收支的高效管理。这个系统以其独特的设计优化了传统财务流程，实现了预算控制的自动化，从而显著提升了财务管理效率。具体而言，网络报销业务包括六个关键步骤：

第一步，报账人员需要在系统中注册并登录。只有校内人员凭借有效的财务编号才能访问系统，这确保了系统使用的安全性和专属性。

第二步，用户需要根据自己的报销类型选择相应的模块进行操作。每个模块都设有相应的预算控制标准，如在进行国家级或省级项目报销时，系统会将报销条目与预算进行比对，自动阻止超出预算比例的支出，有效控制预算超支。

第三步，报账内容的录入和单据上传。用户需详细录入发票信息并扫描其二维码来验证真实性。网络报销系统还能与税务局网站链接，进一步核实发票的真伪。为提高用户体验，系统提供了修改和查询功能，使报账人员可以随时调整报账内容并跟踪其进度。为了便于上传和查询，建议使用机打发票。

第四步是网上审核，这是确保报账准确性的关键一环。财务部门的工作人员会仔细核对报账人员提交的数据和发票信息，确保其与财务制度相符合。通过系统进行的这一步审查包括对报销单据和发票的分析审核，以及打印合规的票据作为会计凭证。如发现不符合财务制度的情况，系统会提示审核未通过，此时报账人员需返回修改，直至信息准确无误。

第五步涉及报账单据的复核。网上审核通过后，报账人员需将所有单据提交给复核部门，复核人员将对原始单据和网络报销数据进行仔细比对，以确认两者是否一致。这一环节的核心是查看线上线下数据的匹配度，如果数据完全一致，则通过复核并进入结算阶段；如果不一致，则需要重新调整，直至满足财务制度的要求。

第六步是结算环节。经过前面的审核和复核流程，合规的报销资金将通过网络银行结算系统直接转入报账人员指定的银行账户。这一步骤的优势在于其便捷性和高效率，免去了报账人员到财务部门领取现金的步骤，使整个报账过程更加高效和安全。

第四章　高职院校财务资产管理的内部控制

第一节　资产管理内部控制概述

一、资产管理内部控制的内涵

高职院校的资产管理是确保其经济资源有效运用的关键环节，涵盖了从货币资金到实物及无形资产的全方位管理。资产是指学校所拥有或使用的一切可以货币计量的经济资源，如各类财产、债权以及其他权益等。学校应当致力于提升资产管理的水平，这既包括对资产管理流程的全面梳理和监控，又包括发现并改进资产管理中的弱点，不断提高管理效率和效益。

在高职院校资产管理的内部控制方面，主要任务体现在以下几个方面：一是货币资金管理，这要求建立健全的货币资金管理岗位责任制和监督检查制度，包括定期和不定期地开展检查工作，以确保资金的安全与合规；二是实物资产和无形资产的管理，这涉及对实物资产的验收、存储、使用、盘点、处置等环节的严格控制，以及对无形资产如专利权、商标权等的保护和管理，防止资产流失；三是对外投资的管理，需要确保投资行为的合理性和科学性，以提高投资效益并降低风险。

为了完成这些任务，高职院校需建立资产部门与财务部门、采购部门、基建部门等业务部门之间的协同机制。这涉及理顺资产管理与预算、收支、采购、基础建设项目等业务之间的关系，确保资产管理的有序运作。具体到各个部门，财务部门负责购置资产的预算和资产处置的收入核算，采购部门负责购置资产的验收，基建部门负责工程项目的验收，以确保资产部门及时进行资产登记。资产部门应与财务部门合作，审核投资合同的合法性和合规性，以确保资产管理的全面性和有效性。

二、高职院校资产的分类

（一）按经济性质分

高职院校资产按其经济性质可以分为经营性资产和非经营性资产两大类。

1. 经营性资产

高职院校的经营性资产，核心在于其保值增值的经济特性[①]，这类资产主要以产生经济效益为目标，包括学校内部开展的各种商业活动、服务项目，以及可能涉及的投资项目等。这些资产既是学校财务收入的重要来源，也是其长期财务稳定性的关键。在管理上，高职院校需对这些经营性资产进行有效的风险评估和市场分析，确保资产稳健增长，并通过科学的资产管理策略，使之在保证资产原有价值的基础上实现增值，并进一步支撑学校的持续发展和教育项目的多元化。

2. 非经营性资产

高职院校的非经营性资产主要指那些不直接参与学校的生产和经营活动，且不以资产增值为目的的资产。这类资产通常包括教育教学设施、图书馆藏书、科研仪器、校园基础设施等。非经营性资产的核心价值在于其对学校教育教学和科研活动的支持作用，而非直接的经济收益。它们是学校开展日常教育活动的基础资源，对提升教学质量、丰富学术研

---

① 魏平峰：《高校资产管理概论》，四川大学出版社，2011，第3页。

究以及改善学生和教职工的学习和工作环境具有重要意义。虽然这类资产不直接产生经济效益，但对它们的妥善管理与维护对于保障学校的长期稳定运营至关重要。高职院校需要对这些非经营性资产进行定期的维护和更新，确保其有效地服务于学校的教育教学，还要进行适当的资产评估，以保持其在总体资产结构中的适当比例和效用。

（二）按流动性质分

高职院校资产按其流动性质可分为固定资产、无形资产和流动资产三类。

1. 固定资产

高职院校的固定资产是指在日常运营中长期使用的、用于教育教学和科研活动的资产，其使用年限通常超过一年。这类资产包括但不限于校园建筑物（如教学楼、实验室、图书馆）、大型教学仪器设备以及其他长期服务于学校的物品。固定资产在高职院校资产结构中占据重要地位，它们是学校教育教学活动的物质基础，对提升学校的教学质量和科研水平起到关键作用。管理固定资产的关键在于确保这些资产的有效利用和适时维护，以保证其长期稳定地为教育教学服务。需要注意的是，固定资产的折旧处理也是高职院校财务管理的一个重要方面，其既会影响学校的财务状况，又关系到资产更新和替换计划的制订。

2. 无形资产

高职院校的无形资产是指那些无法触摸但具有经济价值的资产，它们在学校的长期发展中扮演着关键角色。无形资产主要包括教育品牌、专利权、版权、商标权、教育软件、教学方法和课程体系等。这些资产虽然无形，但对于提升学校的教育质量、增强科研能力和树立学校声誉具有重要意义。例如，一个独特的教学方法或者一门特色课程，可以成为吸引学生和教师的重要因素。在管理无形资产时，高职院校需要重视对知识产权的保护，确保这些资产的合法使用和有效运营。学校还需要定期对无形资产进行价值评估，以反映其在学校总资产中的重要性，并在此基础上制定相应的发展策略。

3. 流动资产

流动资产指的是那些在一年内可以转换为现金或用于支付流动负债的资产，它们在日常运营和财务管理中起着至关重要的作用。流动资产主要包括银行存款、现金、应收账款、预付款项以及库存物资等。这些资产的特点是流动性强，易于快速转换，因此在处理紧急财务需求和维持日常运营时尤为重要。高职院校需要对流动资产进行周密的管理，使其保持充足的流动性，满足学校日常运营的资金需求，如员工薪酬、日常维护和突发事件应对等。流动资产的管理还涉及预算控制和财务规划，这样可以确保资金的有效使用，并最大化其经济效益。合理的流动资产管理还有助于提高学校的财务稳定性和抗风险能力，确保在面临不确定因素时，学校能够保持正常运营。

三、高职院校资产的特征

（一）非生产性

其非生产性质意味着这些资产主要用于教育教学活动，而不是直接用于生产或商业运营，以获取经济利益。这类资产包括教学楼、实验室、图书馆、体育设施等，它们为学生提供学习和研究的场所，为教师提供教学和科研的环境。这些资产的价值在于其对于教育教学和学术研究的支持，而非其直接的经济回报。高职院校的非生产性资产更多地关注于提升教育服务的质量和效果，如提高教学效率、促进学生的全面发展、增强科研能力等。因此，在管理这类资产时，重点在于保持其良好的运行状态和适应教育发展的需要，而不是追求资本收益最大化。这种特性要求高职院校在资产管理上必须兼顾长期的教育目标和短期的财务健康，确保资产的有效利用，同时支持学校的教育使命和战略目标。

（二）非竞争性、服务性

高职院校资产的非竞争性和服务性特征表明，这些资产主要用于提供教育和学术服务，而不是为了在市场上竞争获利。与商业企业追求最大化利润的资产性质不同，高职院校的资产更多地专注于服务教育教学和满足学术需求。它们为学生提供学习和研究的环境，为教师提供教育和科研的平台。这种非竞争性质意味着高职院校的资产管理更注重资产的有效利用和长期维护，而不是短期的经济回报。高职院校资产的服务性特征则强调了其在支持学校教育服务和社会服务方面的作用，如图书馆的藏书和学术资源，虽然不能直接产生经济利润，却对学生的学习和教师的研究有着重要的支持作用。同样，体育设施和文化设施等，虽然不直接参与市场竞争，却为学生提供了身心发展的重要空间。

（三）资金补偿、扩充的非直接性

高职院校在获取和扩充资产时，通常不依赖于直接的市场运作或商业盈利。其资金主要来自国家财政拨款、教育投资、社会捐赠、科研项目资助等，这些资金渠道更多地体现了教育投资的公共和社会性质。由于高职院校的主要职能是提供教育服务，而非追求商业利润，其扩充的资产主要服务于教学、科研、学生发展等方面，因此，高职院校的资产管理既要注重资产的维护和合理使用，又需重视资产来源的多样性和稳定性。与商业企业不同，高职院校资产的扩充和更新通常需要依赖外部资金支持，如政府的教育投资、企业的合作项目投资等，这种资金补偿的非直接性要求高职院校在资产管理中更加注重长期规划和策略性布局，如通过建立良好的社会关系和合作网络来确保资金来源的稳定，以及通过有效的资金管理和使用来提升教育服务质量。

（四）占有、使用无偿性

这些资产的占有和使用不以获取利润为目的，而是为了实现教育目标和开展社会服务。在高职院校，大部分资产如教学楼、实验室、图书馆、体育设施等，都是由政府资助或社会捐赠而来，使用其是为了开展教育和科研活动，而不是为了产生直接的经济收益。这些资产的无偿性质体现了高等教育的公共服务属性，即提供公共教育资源，促进社会知识和技能的传播与积累。由于这种无偿性，高职院校在资产管理上面临着特殊的挑战。其需要确保资产的有效利用和维护，以保障教学和科研工作的顺利进行。其还需要在有限的资金支持下，平衡资产的维护和更新需求。由于资产来源主要是公共资金，高职院校在资产管理中还必须保证资产的透明度，确保资产用于正确的目的，并对利益相关者负责。

四、资产管理机构设置及职责分工

学校需合理规划资产管理岗位，确保关键职位上的人员合理配置，并采取措施实现岗位之间的分离和相互监督，以加强岗位管理。例如，将资产部门和财务部门作为主要责任部门，科学地设定各岗位职责，确保出纳和稽核、会计档案保管与收入支出费用、权益债务账目登记等岗位的分离。学校资产管理的内部控制机构应该包括资产管理部门、资产使用部门、财务部门和审计部门。

具体到各部门的职责，资产管理部门作为学校资产管理的核心职能部门，其职责包括执行国家关于资产管理的法律法规和政策，制定并监督执行学校的资产管理规章制度，负责资产的清查登记、统计报告以及日常的监督检查。此外，资产管理部门还负责办理资产的更新、转让、销售、出租、出借以及报废等相关手续。

资产使用部门则承担着日常保管学校资产的职责，需设置专人保管学校的资产，确保其安全完整。该部门还需要建立资产运行管理档案，制订日常维修计划，并定期检查，以消除安全风险。

财务部门作为学校资产管理的核算部门，其主要职责包括编报资产相关预算和决算，统一管理银行账户，负责库存现金的使用和管理，以及财务印章的使用和保管。该部门还负责资产价值的管理，确保资产的合理使用和价值保持。

审计部门则是学校整体资产业务的监督部门，其职责包括监督各部门的资产使用申请和使用情况，检查是否严格做到岗位分离，确保资产管理的规范性和有效性。

第二节　高职院校财务流动资产的控制

高职院校财务流动资产的控制主要是对货币资金、现金、存货及低值易耗品、零余额账户用款额度、应收及预付款项的控制。[①]

一、货币资金的管理

（一）库存现金管理

关于库存现金管理，主要包括以下三个要点，如表 4-1 所示。

表 4-1　库存现金管理要点

管理方面	关键点	目的
现金出纳的不相容岗位	出纳岗位与会计记录、稽查审核、会计档案管理等岗位严格分离，保证操作规范和正确	避免利益冲突和潜在财务风险，确保财务透明性和安全性
现金限额的管理	规定库存现金最高额度，超额部分存入银行，月底进行现金盘点，确保其准确无误	保障现金的安全性和准确性，确保现金管理的透明和准确
库存现金的清查盘点	日常及月底核对现金，杜绝"白条抵库"，严禁私借、挪用公款，避免账外资金	保障资金安全和透明，确保现金准确无误

---

① 王同孝、王以涛：《高等学校内部控制理论与实务》，应急管理出版社，2021，第 166 页。

1. 现金出纳的不相容岗位

为保证财务的透明性和安全性，学校专门指定出纳人员负责现金的日常保管和交易处理。这些出纳人员不得同时从事会计记录、稽查审核、会计档案管理以及债权债务账目的登记工作，以避免利益冲突和潜在的财务风险。出纳人员必须参与这些工作时，学校应安排其他员工进行定期的复查和监督，确保各项操作的规范性和正确性。为了精确记录和监控现金流，出纳人员需严格按照业务发生的顺序，在现金日记账上详细记录每一笔现金收支，并在每个工作日结束时对当日的现金流入、流出及结余进行总结，并与实际现金余额进行对账，确保账目准确无误。

2. 现金限额的管理

学校对于库存现金的最高额度有严格的规定，一旦现金余额超过这一限额，出纳人员需将超额部分存入银行，以确保现金的安全性。当学校需要调整库存现金的最高限额时，必须向负责的银行提出正式申请，并由银行审批确定。为了保证现金管理的透明和准确，出纳人员需要在每月末进行现金盘点，并与会计岗位的工作人员共同监督，确保现金数量准确无误。盘点过程中如出现盘盈或盘亏情况，出纳人员需调查原因并提出相应的处理方案。会计岗位的工作人员负责审核这些盘点差异，并报告给财务部门的负责人，以便其进行适当的账务处理。盘点完成后，相关的盘点记录由会计档案管理人员归档保存，以备未来审计时参考。

3. 库存现金的清查盘点

对库存现金的清查和盘点旨在保障资金的安全和透明。为了确保现金准确无误，学校建立了严格的现金清查制度，定期或不定期进行盘点，在盘点时特别关注以下几个方面：

一是账目的一致性。出纳人员需在日常及月底对现金进行核对，以确保库存现金与现金日记账记录相符。此外，财务部门领导需不定期进行抽查，以加强现金管理的内部监控。如发现账目不符，应迅速调查原因并采取适当措施。若是造成操作失误，可按规定处理；若涉嫌违法，则必须依法处理。

二是杜绝"白条抵库"。出纳和会计人员必须基于有效凭证如发票或收据进行现金支付，严禁使用欠条或用收条替代现金。特别在工作交接时，要遵守规定程序，确保无任何白条抵库行为。

三是严禁私借、挪用公款。任何因工作需要借用现金的情况，都应填写借款单，并经部门负责人和财务部门负责人审批。所借现金必须在规定时间内归还。

四是避免账外资金的产生。会计人员需定期对存货、收支、银行账户等进行核对，确保不存在隐瞒账户或虚假应付账款等账外资金。

（二）银行账户管理

银行账户管理主要包括六个要点，如表 4-2 所示。

表 4-2　银行账户管理要点

银行账户管理环节	主要内容	目的或重点
银行账户开立	准备申请文件，审核开户申请，财政部门审批，银行办理开户手续，备案	确保新开设银行账户的合规性和透明性，确保账户正确设立和管理
银行账户变更程序	变更主管单位、延长使用期、变更开户银行，按流程申请和备案	保持账户信息的最新状态，确保管理的适时性和合规性
银行账户撤销程序	提出撤销申请，获得批准，银行办理销户手续，登记撤销信息，备案	规范化管理银行账户，确保财务安全和合规
银行账户对账	会计人员核对银行存款日记账与银行对账单，编制调节表，确保账目一致	保障银行账户数据的准确性和一致性
零余额账户管理	建立监督检查制度，分离岗位职责，核对账户与银行对账单，确保授权支付明细一致	有效管理零余额账户，确保财务安全和透明
银行账户审核	审计部门不定期审查银行存款余额和相关账目，确保手续齐全和数据准确	监督银行账户的运行，提高财务管理的透明度和可靠性

1. 银行账户开立

财务部门负责启动开户程序，这通常是基于学校当前的财务需求和银行账户的历史状况。开户的第一步是准备详细的申请文件，其中包括银行账户申请报告和申请表，这份报告需详尽阐述学校的基本信息和开户的具体原因，如账户的名称、预定用途、使用范围，以及开户的依据或特别理由等。此外，还应包括所需的各类证明文件清单和其他相关细节。财务部门负责人和学校分管领导对申请材料进行审核，主要检查开户的各项要素是否完整，确保所有信息准确无误。审核通过后，申请将提交给财政部门，财政部门负责对提出的开户申请进行合规性检查，并对符合条件的申请签发正式的开户批复。有了财政部门的批复后，财务部门的经办人便可按照中国人民银行的相关规定，前往银行办理开户手续。开户完成后，财务部门经办人需要填写银行账户备案表，并将其连同电子光盘一同提交给批准开户的财政部门及学校的上级主管单位进行备案。通过这一系列严格的程序和步骤，学校确保了新开设银行账户的合规性和透明性，同时确保了账户的正确设立和管理，为学校的财务运作提供了坚实的基础。

2. 银行账户变更程序

在高职院校的财务管理中，对银行账户的变更需遵循严格的程序。如果是因主管单位导致的变更，学校必须在变更发生后的三个工作日内完成相关的登记工作。这涉及填写一份主管单位变更登记表，并将其提交给相应的财政部门和上级主管单位进行备案。如果是出于延长账户使用期的需求而变更账户，学校需提前向财务部门负责人和学校分管领导提交申请，并经过他们的审核。一旦审核通过，接下来需向相关财政部门申请审批。在审批过程中，学校依旧按照原账户的使用期限进行操作。若学校因特殊情况需要变更开户银行，需先依规撤销原有账户，并重新按照银行账户的开立规定办理开户手续，并将新账户备案。同时，确保将原账户的资金余额（包括存款利息）完整无误地转入新开设的账户中。

3. 银行账户撤销程序

在高职院校财务管理体系中，银行账户的撤销是一项规范的程序，需要在特定条件下进行。例如，当账户使用期限到达、机构发生重大改革，或者在开户后的一年内未发生任何资金往来时，学校可能需要撤销某个银行账户。这一过程首先由财务部门提出撤销申请，申请需要得到学校高层领导和财政部门的审核与批准。一旦得到批准，财务部门需前往相关银行办理销户手续，并登记撤销信息。撤销完成后，相关信息应及时报送给上级主管单位及授权开户的财政部门备案，确保整个撤销过程的透明和合规。

学校还应严格管理银行存款日记账。出纳人员需要根据收付款凭证，按照业务发生的顺序，在银行存款日记账上逐笔登记，并每日计算余额。值得注意的是，出纳人员不应参与银行对账单的获取和银行存款余额调节表的编制工作，以避免潜在的利益冲突或财务风险。

4. 银行账户对账

会计人员每月至少核对一次银行存款日记账与银行提供的对账单，这个过程包括编制银行存款余额调节表，确保学校账面上的银行存款余额与银行对账单上显示的余额一致。如果发现两者之间存在差异，需要采取相应措施进行处理。例如，如果差异源于会计记录错误，会计人员应立即向财务部门负责人报告，找出错误原因并进行相应的更正。银行和学校之间在收付款结算凭证的传递上可能存在时间差，导致记账时间不同步，这种情况可以通过银行存款余额调节表来调整，以确保两者的一致性。

5. 零余额账户管理

在高职院校的财务管理中，对零余额账户的管理和监督是关键环节，需由财务部门严格执行。财务部门必须建立一个全面的监督和检查体系，以确保零余额账户的支付业务正确无误，这包括明确指定监督检查机构或人员，并赋予其适当的职责和权限。进行定期和不定期的检查也是必不可少的，以保持对零余额账户运营的持续监控。在零余额账户的具体管理中，有几个方面需要特别注意：①记账人员应与承担核对、档案保管等职责的员工严格分开，以确保业务分离，防止任何岗位上的冲突；②对于零余额账户用款额度的支出，必须建立完善的授权审批程序，并严格遵守，在审批过程中应采取措施来防止超越授权限制的行为；③每月定期核对零余额账户与银行对账单，确保账户内的授权支付明细与银行对账单一致，进而确保财务的准确性和透明性。

6. 银行账户审核

审计部门需指派专门人员不定期对学校的银行存款余额和相关账目进行审查。审计内容包括但不限于核对银行存款业务的原始凭证、记账凭证、结算凭证是否一致，以及这些凭证是否与银行存款日记账匹配。同时，需核查银行存款业务的手续是否齐全，以及银行存款总账与学校相关账目之间是否一致。此外，银行存款余额调节表的准确性也是审计工作的重点。

二、现金控制

（一）现金控制的目的

作为日常运营和交易的直接媒介，现金的形态多样，包括手头的库存现金、银行账户中的存款以及银行本票和汇票等，这些资金满足了高职院校日常的运行所需，也是偿还债务、支付利息及履行税务义务的关键保障。高职院校保持适量的现金流是降低经营风险和提升资金流动性的重要策略。

现金虽然具有高度流动性，但属于非收益性资产，过量持有会降低整体资产的收益率。因此，合理的现金管理策略应在确保高职院校正常运营所需的现金流的同时，优化资金的使用效率，平衡流动性与营利性之间的关系，以达到降低资金成本、提高资金使用效率的目的。

（二）现金控制的对策

1. 实行现金库存限额管理制度

在现代的资金管理中，尽管无现金交易日益普及，但许多高职院校仍需处理日常的现金收付工作，因此，建立和执行现金库存限额管理制度显得尤为重要。此制度要求设定一个合理的库存现金限额，其通常由开户银行根据学校三到五天的日常零星支出需求来确定。一旦确定了库存现金限额，财务管理部门必须严格遵守，不得随意超过设定的上限。若出现超额收入现金的情况，学校应在当日将超出部分存入银行，以此确保现金的安全和合理管理。

2. 严格遵守现金开支范围

现金支付应在特定的范围内进行。例如，向个人支付农副产品购买款项以及劳务报酬等，是目前几种主要的现金支付情况。这样可以确保现金支付的合规性和透明性，防止不必要的现金流失。通过这种严格的现金管理，高职院校可以有效控制现金流动，从而保障其财务安全和效率。

3. 严格控制现金坐收坐支

学校需确保所有现金收入及时入账，并严禁将其存入个人账户或其他单位的银行账户，以防止现金私用、拆借或其他不当使用。学校还应坚决杜绝账外账的设立，包括所谓的"小金库"等非正规财务操作，防止用"白条"抵押现金或任何形式的现金套取。采用这些措施的目的是确保现金的透明管理和合法使用，避免因管理不善而导致的财务风险。

4. 严禁账实不符

《行政事业单位内部控制规范（试行）》对货币资金的核查控制提出了明确要求，规定不办理货币资金业务的会计人员应定期和不定期对库存现金进行盘点。在盘点后，无论是现金盈余还是短缺，都应立即查明原因，并及时进行处理，以确保现金账面余额与实际库存数一致。此外，审计部门也应持续进行核查和监督。通过这些综合措施的实施，确保学校现金的安全和正确管理。

三、存货及低值易耗品的控制

（一）存货控制

1. 建立存货管理机构，健全存货管理制度

在高职院校中，建立一个专门的存货管理机构并配备专职人员是确保存货管理有效运行的关键。这个机构的职责包括管理存货的购进、验收、保管、发放等一系列环节，确保物资的合理分配和高效利用。为了提高存货管理的专业性和效率，学校应视情况建立专门的物资仓库，用以妥善保管不同种类的存货。存货管理的另一个重要方面是对发出的存货进行严格的审批和跟踪管理。当存货被分配给使用单位后，学校需定期或不定期检查其使用情况，以便及时发现和解决存在的问题。对于长期闲置或废弃的存货，应及时上报给财务部门处理，以保证账目与实物的一致性。

为了更有效地管理存货，学校还应建立一套完整的管理制度，包括明确每个岗位人员的权限和责任。制度的执行情况应与个人的奖惩制度挂钩，进而确保每个人都能明确自己的职责范围，同时激励他们更好地执行职责。

2. 加强存货的采购控制，合理确定采购批量

在加强高职院校存货的采购控制和确定采购批量方面，需综合考虑《中华人民共和国政府采购法》的相关规定和校方实际需求。其具体内容如下：①对于超过5万元的采购项目，学校必须通过政府采购程序进行，这要求学校对其采购行为进行严格的规范。②学校应基于平均存货消耗率和储备限额来决定采购批量，这需要精确分析订货成本、购置成本及缺货成本，以找出储备存货总成本最低的方案。这种方法有助于确定最优采购批量，还能保证采购和保管的费用最小化，进而提高资金使用效率和资产利用率。③学校在采购时应考虑订货提前期和保险储备等因素，以确保在遵守政府采购规定的同时，能满足教学和科研等方面的实际需求。

3.加强存货的库存管理

学校需重视存货的验收、保管等环节，确保整个流程的高效和规范。其重点是优化库存环境，特别是对于高价值存货，应配备专门的检测和维修设备，以减少损坏、变质或丢失的风险。学校还应定期或不定期地进行存货清查和盘点，以确保账务数据的准确性和存货资产的安全。在这个过程中，若发现问题，必须追究相关责任人的责任，以维护存货管理的严谨性。

（二）低值易耗品的控制

高职院校低值易耗品控制是一项复杂而重要的工作，涉及多个部门，管理不集中，任务繁重。低值易耗品指不达固定资产标准的设备和容易损耗的物资，如低值仪器、实验用品等。[①] 在管理这些物品时，高职院校面临诸多挑战，如管理的分散性和物资保管的专业性。要想应对挑战，高职院校要做到以下几点：

第一，学校管理者需充分认识到低值易耗品控制的重要性，将其视为一项关键任务，这不仅涉及财务管理的准确性，也关系到日常运营的高效性。学校必须制定严格的管理制度，如对物品的采购、验收、存储和使用进行详尽的规定，以及对违规操作进行追究。

第二，在采购方面，学校应制订合理的物品采购计划，这要求基于实际使用量和需求来确定采购数量，避免物资积压和浪费。采购过程中应以发票为凭证，进行严格的核对和验收。对于技术要求高或专业性强的易耗品，应由专业技术人员进行鉴定，确保其符合标准才能入库。

第三，注重质量管理。对于质量不达标的易耗品，学校应及时调查，明确责任，并要求赔偿。这一过程涉及严格的账务管理和财务规范，以确保所有操作的透明度和合规性。

第四，在库存管理方面，高职院校需要考虑环境因素对易耗品的影

---

① 李辉生：《高等学校资产管理研究》，中国科学技术大学出版社，2007，第132页。

响，采取措施减少人为疏忽造成的损害。学校要实行严格的物品领用制度，对于贵重易耗品，需经院系领导批准。领用时，要有详尽的使用和计量记录。此外，可聘请专业的设备维护人员，通过定期维护和保养，延长设备使用寿命。

第五，学校应建立不定期抽查制度，由相关人员检查易耗品的库存、使用和损坏情况。对于抽查中发现的严重问题，应依据相关规定严肃处理。

四、零余额账户用款额度的控制

（一）岗位分工及授权批准控制

1.加强岗位职责控制

高职院校在管理零余额账户用款额度时，应制定详细的业务授权批准制度，确保审批过程的严谨性和合规性。在审批职责上，学校需明确审批人的授权范围、额度和责任。审批人需在授权范围内行使职权，严禁超越审批权限。在岗位分工方面，学校应明确规定经办人、审批人、审核人和账务处理人员的职责范围及权责关系。经办人负责准备基础资料，并依照制度和程序进行审批、报账。审批人则需根据授权范围和权限进行审批。审核人负责处理审批人批准的用款额度业务，对于超出权限的审批，审核人有权拒绝办理，并可以向上级管理部门或领导报告。账务处理人员则根据审核意见进行账务处理。

2.零余额账户用款额度直接支付的内部控制

高职院校零余额账户用款额度的内部控制涉及支付范围、内容及具体的审批和支付流程。支付范围包括工资支出、工程采购支出、物品和服务采购支出以及其他特定用途的支出。其中，工资支出指在职人员的工资，通常由财政部门直接发放；工程采购支出涵盖建筑安装、设备采购等基本建设支出；物品和服务采购支出则包括政府采购目录内的物品和服务，以及单件超过规定金额的支出；其他特定用途的支出指财政部门特批的财政支出专项。

在用款额度审批方面，除工资支出由财政部门直接发放外，其他支出类别如工程采购、物品和服务采购、特定用途支出等，需通过零余额账户进行支付。学校需向财政国库部门提交《财政资金直接支付申请书》，获批准后才能办理支付手续。

在支付流程方面，一旦《财政资金直接支付申请书》获批准，学校可开具《财政资金直接支付凭证》。银行依据此凭证，通过财政零余额账户直接将资金支付给收款人和用款单位。

3. 零余额账户用款额度财政授权支付的内部控制

高职院校财政授权支付的内部控制涵盖了支付范围、额度控制、手续控制及授权控制等方面。

（1）财政授权支付主要包括未纳入工资统发的工资性支出、工程采购支出，以及物品和服务采购支出中的分算管理购买和零星支出。

（2）在用款额度控制方面，这种支付分为转账支付和现金支付两种。转账支付的金额必须严格控制在财政授权的额度内，现金支付则需严格遵守《现金管理暂行条例》。

（3）办理用款手续时，学校需通过网络填写《财政资金授权支付凭证》，经过仔细核对后打印出纸质凭证，并依规定加盖必要的印鉴。经办人员凭借此凭证到指定银行通过学校零余额账户完成资金支付。

（4）在授权控制方面，未经授权的机构或个人严禁办理零余额账户用款额度资金业务。这种控制机制确保了资金的安全性和合规性。

4. 大额用款支付控制

对于大额用款支付，学校实施集体决策制度，其得出的决策由校长进行审批。此举旨在防范任何可能的舞弊行为，确保资金使用的正确性和透明度。同时，学校应建立责任追究制度，以增强用款管理的严谨性和责任性。

（二）零余额账户用款额度的管理控制

高职院校对零余额账户用款额度的管理需要遵循严格的流程和规则。

第一，学校需依据财政部门批准的预算资金，制订用款额度计划，并据此申请通过零余额账户进行资金支付。这一步骤确保了资金使用的合理性和预算的一致性。

第二，学校必须严格管理零余额账户，加强对用款额度的控制。这包括进行精确的会计核算和及时报送相关财务报表。这样的做法有助于提高资金管理的透明度和可追溯性。

第三，对于支付申请，学校应确保每一笔申请都有预算支持，并提供必要的凭证及相关资料。所有凭证和资料必须真实、合规，杜绝无预算、无计划的支付申请，以防止资金的不当使用。

第四，学校需要编制零余额账户调节表，并指定专职人员定期与财政部门和银行进行账户核对，确保每月至少有一次核对。核对工作旨在确认用款额度直接支付的余额与财政调节是否相符，以及授权支付的账面余额与银行对账单调节是否相符。如有调节不符现象，核对人员需立即查明原因并及时处理。

五、应收及预付款项的控制

对于应收及预付款项的控制，高职院校至少需要做到以下几点：

（一）树立应收及预付款项的风险意识

学校必须认识到与应收和预付款项相关的潜在风险，并采取相应的应对措施。学校需要对应收款项进行定期分析和评估，以识别和减少坏账风险，这包括对欠款方的信用状况和支付能力进行评估，并设置合理的信用限额。对于预付款项，学校应评估供应商的合约履行能力和信誉，以确保资金的安全性。此外，学校还应建立健全的内部控制制度，包括明确的应收及预付款项管理流程、定期的财务审核和严格的审批机制，以确保所有交易的合规性和透明度。

（二）建立应收及预付款项管理机制

有效的管理机制包括制定合理的程序来检测和控制应收账款和预付款项，关键在于确立透明的账务记录流程，及时追踪和更新应收账款状态，从而预防逾期账款和坏账的发生。对于预付款项，学校应评估并选择信誉良好的合作伙伴，并制定严格的预付款审批流程，确保每笔预付款都基于合理的需求和明确的合同条款。需要注意，定期的财务审计对于识别潜在风险、防止资金流失及确保财务健康至关重要。

（三）落实应收及预付款项管理制度

对于应收及预付款项的管理，应基于"一事一借，一借一清"的原则，即每一笔交易和借款都应明确记录，并确保每笔借款都能及时结算。

第一，对于应收款项，学校需要建立一个系统化的跟踪和管理程序，包括对所有应收账款进行定期审查，以确保及时收款，并对长期未收的款项进行特别监控。这种方法有助于及时发现潜在的坏账风险，提前采取措施来减少损失。

第二，对于预付款项，学校应建立严格的审批流程和评估机制，这意味着在支付任何预付款之前，必须对供应商的信誉和履约能力进行细致的评估，并确保所有支付都基于合同约定和实际需求。通过这种方法，学校可以有效防止预付款的不当使用或滥用。

第三，学校应强化内部控制机制，包括有效的会计记录系统、定期的财务审计和透明的报告流程。这有助于确保财务数据的准确性和可靠性，还能增强管理透明度，进而有效地控制和降低与应收及预付款项相关的财务风险。

第三节　高职院校财务固定资产的控制

一、固定资产控制的内涵

固定资产控制，就是按照固定资产管理制度的要求，以固定资产计划指标和各项定额为依据，对学校发展过程中固定资产的构建、使用、损耗、补偿以及利用效果，所进行的日常规划、管理、检查和监督。鉴于固定资产的规模庞大、类型多样、分布广泛且用途各异，仅依赖少数管理人员是远远不够的，有效的固定资产管理要求全员参与，从计划制订、日常管理到监督检查，每一个环节都需纳入严格的控制体系之中。这种管理方式存在于固定资产的整个生命周期（购置、使用、维护及最终处置）。学校需确保在固定资产的各个使用阶段实施恰当的管理措施，以提高资产利用效率，防止资产损耗，确保资产价值最大化。可以认为，高职院校固定资产的有效控制不仅是一项涉及全体成员的综合任务，也是一个贯穿资产使用全过程的持续活动，对于维护学校的财务健康和支持其教学及研究活动具有重要意义。

二、固定资产控制的内容

固定资产的控制主要包括六大项，具体如表 4-3 所示。

表 4-3　固定资产控制的内容

管理环节	主要内容	方法／工具
固定资产管理制度的控制	构建全面的固定资产内部控制体系	制度化管理、全员参与
固定资产预算控制	合理规划和分配资产，提高使用效率	采用动态、互动的预算编制方法
固定资产核算控制	确保固定资产的准确性和真实性	遵循《政府会计制度：行政事业单位会计科目和报表》，实施权责发生制

管理环节	主要内容	方法／工具
固定资产流程控制	覆盖预算、采购、验收、入账、使用、处置等环节	严格的流程控制，有效的资源分配
固定资产内部管理报告控制	汇总和报告固定资产的相关信息	填写年度固定资产统计报表
固定资产信息系统控制	利用信息化系统进行管理	资产信息管理系统的应用

（一）固定资产管理制度的控制

在遵循国家法律法规的基础上，高职院校需针对自身实际情况，构建一个全面的固定资产内部控制体系。这个体系旨在通过一系列严格的管理制度，确保资产的完整性、安全性和效益性。这涉及从资产预算编制、审批、购置、验收到保管、使用、清查、评估、处置以及监督等各个环节的制度化管理。学校应实施资产管理责任制，将内部控制的责任明确到每个岗位、每位员工，以此构建既协调又互相制衡的全员内部控制网络，高效保护和管理学校的固定资产。

（二）固定资产预算控制

固定资产预算的关键在于合理规划和分配资产，以提高资产使用效率并避免闲置浪费。它既确保了固定资产的公平配置，又助力管理者在协调、控制和绩效评价方面作出决策。在制定固定资产预算时，应采取一种动态、互动的预算编制方法，这种做法确保预算能够反映各层级的需求和优先级，形成一个全面、综合的预算计划。此计划经过校领导层审批之后，成为正式预算，然后逐级分配到各部门执行。对于新增固定资产的管理，需要遵循特定流程，其包括使用单位的申请、领导审批、财务部门的预算编制、预算审批、政府采购、验收登记和入账管理等步骤。这一严格的流程确保了固定资产的合理分配和有效使用。

在资产预算的执行和管理方面，高职院校需遵循严格的预算调整审批制度和程序。财务部门要密切监督固定资产购置预算的实际使用情况，确保资金投向合理，实现资产使用效率和效益最大化。此外，资产管理部门应与财务部门协同工作，对固定资产的总量、折旧年限和使用年限进行评估，根据学校发展需求提出购置规划，并安排预算。这种预算规划应遵循"确保重点、统筹计划、精简节约、支出从严"的原则，既满足学校发展的需求，又实现资金的节约。为了确保预算的有效执行，学校还应建立固定资产预算执行情况的内部报告制度和预算的跟踪分析评价制度。

（三）固定资产核算控制

为确保固定资产的准确性和真实性，高职院校需严格遵循《政府会计制度：行政事业单位会计科目和报表》的规定，并实施权责发生制。财务部门应提升固定资产会计核算控制系统的功能，以应对制度更新带来的新的核算任务。这意味着在会计核算过程中，财务部门需要精确控制固定资产的价值形态，确保其反映出资产的真实价值。学校需要根据《政府会计制度：行政事业单位会计科目和报表》，结合自身的具体情况，重新明确固定资产核算的标准、范围及相关账务处理内容。除了特定资产如文物、图书等，学校应按照制度要求对其他固定资产实行计提折旧，在计提折旧时不考虑残值。

为保障固定资产管理的严谨性，学校需要建立一个由财务部门、资产管理部门、资产使用部门和监督部门组成的四位一体的内部控制体系。在这个体系中，财务部门通过固定资产总账进行价值核算，而资产管理和使用部门通过固定资产明细账和固定资产卡片进行价值保管，监督部门则通过定期或不定期的检查，核对财务账簿、使用明细账和资产卡片，确保账、卡、物相符，即账账相符、账实相符。在核算控制方面，学校需详细核算固定资产在使用过程中的价值转移情况，以正确反映其真实价值。在实际操作中，学校可将"累计折旧"科目作为固定资产科目，反映资产使用过程中的价值转移，形成重置的货币准备资金。在进行账务处理时，应借记"教育事业支出""科研事业支出"等科目，贷记"累计折旧"科目，将资产使用过程中的折旧合理分摊到具体使用单位或科研等项目中。

（四）固定资产流程控制

高职院校在固定资产流程控制中需覆盖预算、采购、验收、入账、使用、处置等关键环节。在预算环节，制定固定资产配置标准时要考虑各学科专业的性质、教学科研的范围和管理岗位的需求。相关管理部门基于各二级学院、部门的预算要求，提出固定资产的预算需求，并提交给财务部门汇总。这些需求经学校领导层决策和批准后方可执行。在采购环节，重点在于进行详尽的可行性分析，严格遵守国家规定的招标采购流程，确保采购的资产既实用又有效。验收环节要求验收人员仔细检查资产的型号、类别、品目、单价、数量及总价等是否与采购计划和合同一致，同时确认资产质量是否符合标准。

在入账环节，资产使用部门需与资产管理部门合作，确保经验收合格的资产的明细账单和资产登记卡由财务部门进行价值登记，完成资产的财务账务核算。实物账应详细记录资产的存放地、用途、经手人及保管人等信息，明确使用单位和使用人。使用环节的主要目标是提升资产利用效率，最大限度地实现预期目标。为此，使用期间定期进行固定资产的保养、维护是必要的，这样可以延长其使用寿命。此外，还应定期进行盘点清查，以防资产流失。在处置环节，其关注点是固定资产的残值再利用、回收或处置。当固定资产进入淘汰期，应进行残值评估，确保资产的残余价值得到充分利用。资产处置应遵循严格的程序，其包括申报、评估、审批、处理和备案等步骤。对于出售、出让、转让或变卖的固定资产，应通过市场公开处置，以防止资产价值流失。最终，处置所得资金应上交学校财务部门，财务和资产管理部门则应在账面上进行相应的价值减少处理。

（五）固定资产内部管理报告控制

年底决算时，高职院校中的各固定资产使用部门需依据校方统一制定的年度固定资产统计报表规范，认真填写并上报本部门一年内的资产增减、保养、维护、损毁及处置等相关信息。这些信息需准确无误、真实可信，反映客观情况。与此同时，财务部门负责汇总整个学校全年的固定资产相关数据，其包括固定资产的总值、增值、净值和残值，以及资产类别、分布和使用状况。财务部门还需汇总固定资产预算及其执行情况、主要固定资产的使用效率等信息，细致分析固定资产在总资产中的比例以及各类固定资产在总固定资产中的占比情况，进而编制一份详尽的资产专项报告。这份报告将提交给学校领导层，为其提供全面的固定资产信息，辅助学校领导在资源整合、利用和固定资产发展规划方面作出明智的决策。

（六）固定资产信息系统控制

与传统的资产管理方法相比，资产信息管理系统在固定资产管理方面展现出显著优势。传统方法主要依赖人工操作，涉及手工填写资产卡片和制作卡片册，这种方式在处理大量资产时显得力不从心。手工填写过程烦琐且容易出错，纸质卡片容易受损、遗失，难以长期保存和管理。此外，由于需要管理众多的卡片和表格，数据统计工作繁重且容易出错，导致资产信息不准确。

相较之下，资产信息管理系统采用全自动化、信息化的管理方式，利用电子标签和自动打印技术，简化了数据记录和处理过程。数字化的电子表格和自动汇总功能使得资产管理更加易于操作，同时提高了数据的可靠性和保存的便利性。这种系统降低了工作量，节约了成本，大幅提升了管理效率。资产信息管理系统能够整合财务、基建、教务、科研、实验、后勤和人事等部门的数据，实现对资产从申请、审批、预算、招标、购置、验收、付款、使用、保管到处置等全周期、全流程的动态监控。

1. 资产信息管理系统的优势

在高职院校的固定资产管理中，资产信息管理系统的引入极大地提升了管理效率和精确度。面对实物管理中的诸多挑战，如资产规模庞大、种类繁多、价值高昂、分布广泛且难以保养维护，传统管理方式往往显得力不从心。在财务管理方面，由于投资额度大、核算周期长、账目繁杂，常常出现账目不符的情况，管理难以达到预期效果。使用管理同样面临诸多难题，如资产使用者众多、存放地点分散、易于损毁等，增加了管理的复杂性和难度。而资产信息管理系统通过其信息化功能，建立起完整的资产管理数据库，为资产管理提供了有效的工具和方法，而且该系统能实时显示固定资产在校园各个部门和位置的价值总额、种类、规格、数量及其保存状态。在财务管理方面，系统能够及时提供各类财务数据，帮助发现账、卡、物不相符的问题。在使用管理方面，系统不仅可以明确地指示每项资产的具体位置，展示保管和使用人员的信息及资产的使用状况，还能快速处理资产的增加、变动、转移、报废、处置和销账等常规管理任务，为高职院校的固定资产管理提供了现代化、高效和科学的解决方案。

2. 资产信息管理系统的应用

（1）该系统允许资产管理员构建一个全面的资产数据库，其涵盖从经费预算、采购方式、供应单位到资产分类、规格型号、价值、数量、管理部门、使用部门、保管和使用人员、存放地点等各个方面的信息。这种数据库的建立，既有助于对资产的全面把控，也为资产的跟踪和管理提供了可靠的数据支持。

（2）当有新的固定资产加入时，资产管理员可以通过系统高效地录入所有相关资料和数据，包括仪器编号、领用单位、分类、仪器名称、型号规格、现状、国别、单价、数量、计量单位、购置日期、领用人、保管人、存放地点、采购形式、发票号、供货商等。这些操作都要按照资产信息管理系统的标准流程进行，以确保数据的准确性和完整性。

（3）系统能够生成并打印固定资产报增单和条形码，以便将这些条形码粘贴在相应的实物资产上。条形码一般包含资产编号、名称、使用部门、保管人等重要信息，这极大地简化了资产管理和盘点工作。

（4）在固定资产的日常管理中，资产信息管理系统的优势更为显著，无论是资产的新增、损坏、转移和处置，还是使用单位和使用人员的调整、存放地址的变更，系统都能提供高效、准确的管理功能。例如，设备从一个地点调至另一个地点时，不只存放地点会发生变化，管理单位和保管人员也会随之调整。设备调整后，资产管理部门可以通过系统的"调拨"功能简单、方便、准确地完成调整管理单位和保管人员的工作。

3. 资产的清查盘点

利用资产信息管理系统进行固定资产的清查盘点，在高职院校中表现出极大的优势，此系统化的清查大幅度提高了盘点的速度和准确性，而且操作简便，显著节省了人力成本。与手工操作相比，信息化的清查盘点有效杜绝了人为错误，增强了清查盘点的灵活性和实用性。系统支持随时进行清查，无论是集中清查还是分批次进行，无论是对所有实物资产的全面盘点还是对部分资产的抽查，甚至是对单个资产的查询，都能轻松应对。在实际操作中，盘点人员仅需登录资产信息管理系统，通过"资产清查"功能，结合条码扫描设备，即可快速完成固定资产的清查。通过与系统现有数据的对比，能够及时发现并处理任何不符或问题，确保实物管理中"账、卡、物"相符，以及财务管理中的账账相符和账实相符。

在固定资产的清查盘点过程中，每件实物资产都有独一无二的编码标识，其保证了清查的唯一性和准确性。盘点人员通过专用的条码识别器读取每个资产的条码，信息自动存储，然后将识别器与计算机连接，将数据传输至系统中，从而完成实物资产的清查盘点。这一过程既高效快捷，又能精确地获得资产的当前存放情况。若发现资产短缺、溢余等异常情况，系统能够立即进行处理。

第四节 高职院校财务无形资产的控制

一、高职院校无形资产控制的特点

高职院校无形资产控制的特点主要有以下五点，如图 4-1 所示。

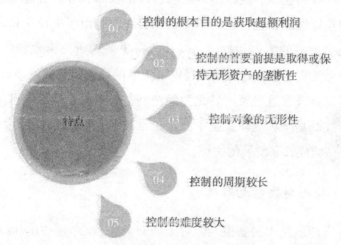

01 控制的根本目的是获取超额利润

02 控制的首要前提是取得或保持无形资产的垄断性

03 控制对象的无形性

04 控制的周期较长

05 控制的难度较大

特点

图 4-1 高职院校无形资产控制的特点

（一）控制的根本目的是获取超额利润

无形资产，如学校品牌、专利、版权、教学方法和研究成果等，虽然没有实体形态，但对于高职院校的长期发展具有决定性的影响。有效地管理和控制这些无形资产能够为学校带来显著的经济和社会效益。例如，通过保护和利用专利权、版权等知识产权，学校可以在某一领域建立竞争优势，吸引更多的投资，从而带来额外的利润。同样，学校品牌的塑造和推广可以提高学校的知名度，吸引优秀学生和教师，增强学校的教学和研究能力。对教学方法和研究成果的创新和管理则能够提升教育质量和科研水平，并通过转让或商业化这些成果来获取收益。

（二）控制的首要前提是取得或保持无形资产的垄断性

高职院校无形资产控制的首要前提是取得或保持无形资产的垄断性，这种垄断性质意味着高职院校在某一领域或多个领域中拥有独特的、无法轻易被竞争对手复制或替代的资产。例如，专有的教学方法、特定的课程内容、专利技术、独特的研究项目或学校品牌等。通过维持这些无形资产的独特性和排他性，高职院校能够在教育市场中建立和维持竞争优势，吸引更多的学生和教师，以及获得更多的研究资金和合作机会。垄断性的无形资产也为高职院校提供了更多的商业化机会，如通过许可、合作或其他方式将这些资产转化为经济利益。可见，确保和维护无形资产的垄断性既是一种战略控制手段，也是高职院校在竞争激烈的教育行业中能够持续成长和发展的关键。

（三）控制对象的无形性

无形资产虽然无法触摸，但对于高职院校核心竞争力的提升和长期发展至关重要，如学校品牌可塑造学校的公众形象，吸引优秀师生；专利和版权代表学校的创新能力和学术成就；独特的教学方法和课程内容则直接关系到教学质量和学生的学习效果。管理和控制这些无形资产，需要特殊的策略和方法。传统的资产管理方法往往不适用于无形资产，因为它们难以用传统的物理或数量标准进行衡量和评估。高职院校要采用更为灵活和创新的管理方式，如建立知识产权保护机制、强化品牌管理策略、持续创新教学和研究方法。控制无形资产的核心在于识别其独特价值，确保这些价值被有效利用，并保护它们不受侵犯。

（四）控制的周期较长

无形资产通常需要较长时间的培育、发展和维护。与有形资产不同，无形资产的价值并不在于一次性的购置或短期的利用，而是在于持续的、长期的管理和创新。例如，学校品牌的建立和维护是一个长期的过程，它需要持续的市场推广、声誉管理和质量保证。教育和研究方法的创新以及课程内容的更新也是持续进行的任务，需要长期的投入和关注。此外，知识产权的获取和维护也是一个长期过程，涉及持续的研发投入和法律保护。高职院校在无形资产控制中必须采取长远的视角，规划和实施长期的管理策略。

（五）控制的难度较大

无形资产由于其非物质性质，难以用传统的物理或量化方式进行管理和评估。高职院校在无形资产控制上面临着如何准确评估价值、如何保护和发展资产，以及如何应对外部变化的挑战，这要求学校不仅具备专业的知识产权管理能力，还要有灵活的战略规划和创新能力，以适应不断变化的教育市场和技术环境，提高无形资产控制和使用的有效性。

二、高职院校无形资产控制的原则

（一）成本效益原则

这个原则要求学校在管理和投资其无形资产时，需权衡成本与预期收益之间的关系，以确保资源的有效利用，如当学校投资于品牌建设、专利申请或课程内容更新时，应评估这些投入对于提升学校声誉、吸引优秀师生、增强教学和研究能力的潜在效益。对于知识产权的保护和商业化处理，学校应考虑其执行的成本和可能带来的直接或间接收益。此外，成本效益原则还涉及无形资产管理的持续性，学校需要定期评估无形资产的绩效，以确保持续投入的合理性和效果。

（二）合法性原则

学校在获取、使用、管理和商业化无形资产过程中要严格遵守相关的法律法规。当学校申请专利、版权或其他知识产权时，必须确保作品的创新性或作品不侵犯他人的合法权益，并遵循相应的法律程序和标准。

在使用他人的知识产权，如教学材料或研究工具时，学校必须获得作者授权并遵守使用规定。高职院校在对其无形资产如品牌、专利等进行商业化处理时，也应确保所有交易和合作活动符合法律规定，避免产生法律纠纷或信誉损害。遵循这一原则，高职院校能够在法律框架内有效地控制和利用其无形资产，从而实现稳定发展。

（三）从实际出发原则

学校在管理和发展无形资产时，必须基于其自身的实际情况，如教育资源、学科特色、教学与研究能力、市场需求以及学校的长期发展战略。例如，学校在开发和利用教学方法或课程内容时，应考虑到学生的需求和教师的专长，确保无形资产与学校的教育目标和专业特色相符合。在申请专利或保护版权方面，学校应聚焦于其优势领域，避免盲目追求热点而忽略实际适用性。学校在制定品牌策略时，应根据其文化传统、教育理念和目标群体来进行定位。通过贴近实际的无形资产管理，高职院校能够有效地利用其独特资源，增强竞争优势，实现可持续发展。

（四）系统性原则

这一原则强调对无形资产进行全面、系统化的管理和控制，确保所有活动和策略相互协调，形成有机整体。无形资产控制应包括品牌建设、知识产权管理、教学和研究方法的创新等多个方面，这些方面需要相互支持、相互补充。在实施系统性原则时，学校需要确保其无形资产管理策略与整体教育目标和长期发展规划相一致，还要考虑到不同无形资产之间的关联。例如，在发展特色课程内容的同时，要考虑这些内容如何加强学校品牌的建设，或如何利用现有的知识产权资源来支持教学和研究的创新。

（五）内部牵制原则

该原则涉及在单位内部建立一个多层次、互相监督和制约的机制，确保不同部门、员工和岗位之间可以相互验证、核对和制衡。[①] 在无形资产控制的背景下，管理权力和责任应当分散，以防止任何个体或部门对关键资产管理流程拥有绝对的控制权。例如，在处理知识产权、学校品牌或研究成果商业化等事项时，应确保相关决策和操作经过多个独立部门或岗位的审查和批准。这种横向的管理结构有助于减少错误和舞弊出现的可能性，提高无形资产管理的透明度和效率。

三、高职院校财务无形资产控制的对策

（一）强化无形资产管理观念

无形资产的价值不仅体现在经济层面，还体现在其对社会的广泛影响上。因此，高职院校的管理层必须深刻理解无形资产的重要性，并将其视为珍贵资源。这要求管理人员加强对无形资产如品牌、知识产权、教学方法等的重视，还要积极发挥这些资产的潜在社会效益和经济效益。通过有效的管理和创新利用，无形资产能够为学校带来显著的经济效益，进而为高等教育机构的整体发展和进步作出显著贡献。

（二）建立健全无形资产的管理体制

1. 归口管理

归口管理指的是按照资产类型划分管理责任。具体而言，自然科学类资产如科研成果、专利等由自然科研部门负责，社会科学类资产如著作、商标由社会科学部门管理，名誉类资产则由资产管理部门直接管理。

2. 设置岗位

高职院校应在资产管理部门内设立专门的无形资产管理岗位，并明确这些岗位的职责和权限。为避免冲突和权力滥用，岗位安排应符合岗位分离原则，确保不同的部门或个人负责资产管理的不同阶段。无形资

---

① 韦德洪、张星文:《财务控制学》，国防工业出版社，2009，第159页。

产的使用部门和各级学院也应配备专职或兼职的管理人员，负责日常管理工作，并要求这些人员具备相关业务知识和较高素质。

3. 制定制度

为了加强日常管理并规范无形资产业务，学校需制定一系列管理制度，如学校名称使用管理办法和无形资产转让实施办法等，旨在确保无形资产管理的制度化和规范化。建立一套授权审批体系也至关重要，它将明确授权的批准方式、权限、程序及责任，从而避免未经授权的部门或人员处理无形资产相关业务。

（三）加强无形资产管理流程控制

1. 购置或研发环节

学校可通过购买、自主研发或接受捐赠等多种方式来获得无形资产。购买的无形资产必须与学校的发展战略紧密结合，需要经过详细的可行性分析和严格的审批流程，以避免资源浪费和重复购置。对于自主研发的无形资产，学校应及时、依法申请注册，明确产权归属，确保学校的所有权地位。研发前，学校应全面考量自身的科技实力、投资方向、成本效益等因素，并制定相应的投资预算和审批流程。对于重大投资项目，应按照"三重一大"决策程序，由学校高层集体决策，以保证投资的科学性、合理性和有效性。对于通过捐赠或其他途径获得的无形资产，学校应签订捐赠协议，并及时完成接收和验收流程，确保捐赠资产的安全和有效利用。

2. 使用环节

在无形资产的使用环节，学校必须严格管理相关文件和数据，确保其安全、准确，防止其损坏、丢失或被非法使用。未经批准，任何人不得擅自借阅、复印无形资产相关资料，特别是电子资料，不得随意转存、复制或分享。学校还应强化无形资产的日常管理，以确保其在使用期间的安全性和完整性。无形资产管理部门应定期检查其使用情况，对任何可能损害学校权益的行为，应及时采取措施，必要时可收回授权，以维护学校的利益和权益。

3. 处置环节

在无形资产的处置阶段，学校需设定明确的处置流程、授权权限及相关责任。其具体内容如下：①资产使用部门在充分论证和评估后提出处置申请。②资产管理部门负责组织技术评估，提供专业意见，并将申请提交给学校资产管理领导小组进行复核。③学校应召开专门会议，制定具体决议。对于重大的无形资产处置，学校需遵循"三重一大"决策程序，由决策层集体研究并作出决定。④所有申请材料需上报至学校的上级主管部门审批。⑤无形资产的处置审批权限应严格依据国家和地方政府的相关规定来设定。⑥在进行无形资产处置时，需组织专家进行全面评估和技术鉴定，并根据国有资产管理规定进行价值评估，确保处置价格不低于评估价值。⑦对于转让、转出或捐赠的无形资产，资产管理部门需与接收方签订合同，并依照合同规定办理相关手续，而出售或作为投资转出的无形资产，需经过专家评估和技术鉴定，确定资产价格，并在获得批准后进行处置。

4. 账务管理环节

在账务管理环节，学校应按照会计核算标准，建立和维护一套全面的账簿体系。资产使用部门应建立台账，资产处置应设立详细账目和备查账，财务部门则负责分类账和总账的管理。为确保账务的准确性和一致性，各级账务管理人员应每月进行一次对账，以确保账目记录与实际情况相符。对于已处置的无形资产，相关的账务处理应根据《政府会计制度：行政事业单位会计科目和报表》的规定进行。无形资产的处置收益属于国家所有，应全部上缴至学校财务部门进行统一管理，并依照相关规定进行合理分配和使用。任何单位或个人不得私自挪用或截留这些资金。根据无形资产的不同获取方式，如外购、接受捐赠或无偿调入等，学校应进行相应的成本计量和核算，以确保财务记录的准确性和合规性。

第五节　高职院校财务对外投资的控制

一、对外投资的特征

对外投资的本质在于单位将其资产转换为另一种形式的资产，以期待从这一转换中获得财务回报或其他利益。这种资产转换可以是用现金购买其他单位的债券或股票，或是用固定资产交换其他单位的股权。此类投资的主要目的不在于直接扩大单位自身的生产和经营规模，而是通过从投资对象那里获得分红或其他利益，从而间接增加单位的财富，如通过投资可以改善与其他单位的贸易关系，或是获得战略优势。

对外投资还具有分散风险和优化资源配置的特性。单位通过在不同行业或地区进行投资，可以有效分散其业务和财务风险，进而在市场波动或特定领域下滑时保持稳定的财务状况。这种投资策略也使单位能够把握市场的新机遇，通过对具有发展潜力的行业或项目的投资，实现资产的增值，这有助于单位在长期内保持竞争力，也可以为其创造多元化的收入来源。

二、对外投资的分类

根据不同分类标准会得到不同的分类结果，如表 4-4 所示。

表 4-4　对外投资的分类

投资分类	子分类	描述	特点
按对外投资性质分	权益性投资	投资于其他企业的股权	高风险，潜在高回报，长期战略布局
	债券性投资	购买政府或企业发行的债券	较低风险，固定收益，受信用风险和市场利率变化影响
	混合性投资	同时投资股权和债券	平衡风险和收益，资产配置灵活

续　表

投资分类	子分类	描述	特点
按对外投资对象变现能力分	易于变现投资	如短期政府债券、大型上市公司股票等	高流动性，低风险，通常收益率较低
	不易于变现投资	如房地产、长期债券等	低流动性，高风险，潜在高回报，可作为长期战略目的
按对外投资时间分	短期投资	期限在一年以下的投资	高流动性，低风险，满足即时资金需求
	长期投资	期限超过一年的投资	较大资金量，高风险，潜在高回报，可作为长期战略目的

（一）按对外投资性质分为权益性投资、债券性投资、混合性投资

1. 权益性投资

权益性投资指的是高职院校投资于其他企业或机构的股权。这种投资方式使高职院校成为目标企业的股东之一，并获得该企业未来盈利的分红权或者在企业增值的情况下促使股权价值提升。权益性投资通常伴随着较高的风险，因为它的回报直接受到所投资企业经营状况和市场环境的影响。对于高职院校而言，权益性投资是一种长期战略布局，可以通过股权对合作伙伴或关联行业进行深入了解，同时为学校带来潜在的经济效益。

2. 债券性投资

债券性投资则是高职院校购买政府或企业发行的债券。这种投资方式主要通过定期利息收入获得回报，相对于权益性投资风险较低。债券性投资的特点是收益率和还本付息时间通常是固定的，这为高职院校提供了较为稳定和可预测的投资回报。然而，债券投资也面临着信用风险和市场利率变化的影响，这可能会影响最终的投资收益。

3. 混合性投资

混合性投资结合了权益性和债券性投资的特点，它通常涉及对股权和债券的同时投资。这种投资方式旨在通过多元化投资组合来平衡风险和收益，该类型投资为高职院校提供了在不同市场条件下灵活调整资产配置的可能性，使得其在追求资产增值的同时，保持一定的收入稳定性。混合性投资适合那些希望在保持稳健经营的同时，寻求适度增长机会的高职院校。通过这种投资方式，高职院校可以有效地管理风险，也能更精准地把握成长潜力较大的投资机会。

（二）按对外投资对象变现能力分为易于变现投资、不易于变现投资

根据对外投资对象的变现能力，可将其分为易于变现投资和不易于变现投资。这种分类侧重于评估投资资产在需要时能多快转换为现金，这直接影响投资的流动性和风险水平。

1. 易于变现投资

易于变现投资指的是那些可以迅速变现且不会引起价值大幅波动的资产。这类投资通常包括市场上流动性较高的金融工具，如短期政府债券、大型上市公司的股票。这些投资的特点是能够在短时间内以公平的市场价格变现，因而风险相对较低。对于高职院校而言，这类投资可以作为一种现金管理工具，其既能保持一定的流动性，又能获得稳定的收入。但是，易于变现投资通常收益率较低，故更多用于短期资金管理或作为紧急资金储备。

2. 不易于变现投资

不易于变现投资包括那些在短期内难以以合理价格转换为现金的资产，或者在变现过程中可能导致价值大幅下降的投资，如房地产、长期债券、未上市公司股权或专利权等。这些资产的流动性较差，其价格可能受到市场需求、经济环境或特定行业的影响而大幅波动。对于高职院校而言，采用这种投资方式通常是出于长期战略目的，如促进学校的长

远发展、实现教育创新或提升学校影响力。虽然不易于变现投资可能带来较高的收益，但同时伴随着较高的风险和不确定性，高职院校在进行这类投资时需要更加审慎，充分评估风险与收益，并确保与学校的整体发展战略相匹配。

（三）按对外投资时间分为短期投资、长期投资

这种分类基于投资的时间范围，直接影响投资的目的、风险承受能力和预期回报。

1. 短期投资

短期投资通常指的是期限在一年以下的投资。这类投资的主要特点是流动性高和风险相对较低。进行短期投资通常是为了满足即时的资金需求或利用市场短期波动获利。对于高职院校来说，短期投资可以是一种有效的资金管理手段，帮助学校在保持资金流动性的同时，实现资金的小幅增值。短期投资的类型包括货币市场基金、短期政府债券，或者市场上其他流动性较高的金融产品。这类投资虽然收益率不高，但可以为学校提供一种安全和灵活的资金使用方式，特别是在学校需要应对突发性财务需求时。

2. 长期投资

长期投资则是指持有期限超过一年的投资。这类投资往往涉及较大的资金量和较高的风险，相应地，其潜在的回报也更高。进行长期投资的目的通常是支持学校的长期发展战略，如扩展学校的教育资源、提升研究能力或建设校园基础设施。对于高职院校而言，长期投资可能包括对教育技术公司的股权投资、参与战略合作项目或投资于房地产等。这类投资需要更加精确的市场分析和风险评估，因为它们通常涉及复杂的市场变化和长期的资金占用，但通过长期投资，高职院校可以获得持续的收益，还能促进学校的整体发展和影响力的提升。

三、高职院校对外投资的控制

（一）对外投资立项控制

由拟进行投资的单位发起申请，提交一系列详细的文件给资产管理部门进行初步审核，这些文件包括投资项目的申请报告或建议书、项目的可行性分析报告、相关的合同草案或协议、资金来源说明及目标投资企业的财务状况（特别是资产负债表），以及政府颁发的相关许可文件。同时，需附上投资项目执行单位的资质和能力证明，以评估其执行项目的实力。在资产管理部门完成对这些文件的初步审核，并提出审批建议之后，由专门负责对外投资的管理小组对项目进行进一步审议。管理小组审议完毕后，项目将提交给学校高层进行最终审批。

（二）对外投资过程控制

在高职院校的对外投资过程管理中，三个关键环节构成了整个过程的核心：投资计划的制订与执行、投资谈判及合同签署，以及向上级主管部门申请办理相关手续。

第一，经过审批的投资方案为拟投资单位提供了一个明确的指南，基于此，单位需制订一个详尽的投资计划，这个计划应详细阐述不同阶段的资金投入量、具体投资内容以及预期的回报情况。完成计划后，资产部门需对其进行严格审核，确保所有内容符合教育厅和财政厅的要求，并遵循规定流程进行批准和执行。这一环节是确保投资活动符合政策规定、财务稳健且目标明确的关键环节。

第二，资产部门将与相关责任人一同参与到投资谈判中，与其他投资方就投资细节进行协商。在谈判过程中，若投资条件出现与原计划相比重大的变化，必须及时报告给授权人员进行决策。对于特别重大的更改，则需要提交给学校领导层进行集体审议和决定。达成一致意见后，将草拟投资合同文本，并提交给单位负责人审定，然后由授权人员与其他投资方正式签订合同。这个环节是确保投资谈判透明、合规，并满足学校利益的关键。

第三，对于获批的投资项目，资产部门负责向上级主管部门提交一系列必要文件，以办理对外投资手续。这些文件包括单位的正式投资申请、国有资产清单、利用国有资产投资的会议决议、投资资产的价值和权属证明、可行性分析报告、单位和合作方的法人证书复印件、创办经济实体的章程及预核准的企业名称通知书、合作意向书、合同草案以及相关财务报表。这一环节是确保投资过程合法、有序且透明的重要环节，涵盖了从合法性验证到确保财务透明度的各个方面，保障了投资活动的规范性和合规性。

（三）对外投资监督与管理

在对外投资的监督与管理方面，高职院校应建立一个全面且高效的追踪管理系统，以确保投资活动的透明度和可控性。学校需要对所有对外投资项目进行实时监控，监控内容包括投资的价值变动和收益情况。这种监控应该全面和准确，还应该及时，以便于学校快速响应市场变化和适应投资环境的调整。对外投资所得的收益应纳入学校的预算体系之中，进行统一的核算和管理。学校还应以所投资企业的资产为基准，对国有资产的保值增值率和投资回报率进行综合考核，这有助于评估投资效率和资产运用的有效性。

为了保证对外投资的规范性和安全性，学校需要建立一套内部控制的监督检查体系，如明确监督检查机构或人员的职责权限，并定期或不定期地进行投资项目的检查，这样可以及时发现和解决在投资过程中出现的问题，确保投资活动符合既定的目标和规范。如果在监督检查过程中发现问题，学校应迅速进行报告和原因分析，并采取相应的措施进行纠正和改进。对于那些由于经营失误或管理不善导致的亏损投资项目，学校应追究相关责任人的责任，如对造成国有资产流失、企业严重亏损或其他严重后果的负责人进行问责。

（四）对外投资处置管理

当投资项目到期时，投资单位需提交处置申请，这一申请经过资产部门的细致审核后，将提交给学校高层审批。此外，学校还需依据相关规定，将处置方案报送教育厅，以获取批准或进行备案，这个过程的目标是确保对外投资能够取得最大的经济收益。学校必须严格按照国家规定，对其对外投资的经济效益、收益分配以及使用情况进行细致监管，以保证投资活动的透明性和合规性。

在投资收回的资产管理方面，学校应及时且完整地收回投资资产。对于提前或延期收回投资、转让或核销的情况，必须经过学校的审议和批准，以确保投资收回的合规性和有效性。学校的对外投资管理小组负责按照与企业签订的协议及学校规定对校办企业的负责人进行考核。在必要时，学校还会聘请中介机构或相关专业人员对学校的对外投资内部控制制度进行评价，以确保其建立和实施的有效性。委托的中介机构或专业人士应对学校已建立的对外投资内部控制制度中存在的重大缺陷编制书面检查报告，助力学校不断完善对外投资内部控制制度。

（五）对外投资资产评估管理

在高职院校对外投资资产评估管理的过程中，学校应秉持真实性、科学性和可行性的原则进行资产评估，以确保评估结果的准确性和可靠性。在这一过程中，学校需委托具备相应资质的专业资产评估机构来对拟投资的资产进行全面的价值评定和估算。被委托的评估机构在完成评估工作后，应向学校提交一份详细的评估报告及相关材料，以供学校初步审查。完成初审后，学校应在评估基准日起 9 个月内，向其上级主管部门提交国有资产评估项目的备案申请，以确保评估活动的正当性和合规性。而学校的财务部门负责处理与评估相关的所有账务，以确保财务记录的准确性和透明度。

第五章 高职院校财务债务管理的内部控制

第一节 高职院校债务与高职院校债务风险

一、债务的概念

债务在古代中国主要被理解为金钱上的欠款，诸如借钱和偿还钱财等，这个概念主要围绕金钱债务展开，与法律层面对债务的定义有所不同。在现代民法中，债是特定当事人间的一种法律关系，其中一方（债权人）拥有要求另一方（债务人）进行特定行为或者避免特定行为的权利，而债务人负有履行这些要求的义务。这种民事法律关系通常是相互的，这意味着当事人在某些情况下既可能是债权人，也可能是债务人，享有特定权利的同时，需承担相应的义务。

在会计领域，债务的概念，通常用"负债"这一术语来表达，与法律上的债务含义存在明显区别。负债在会计学中指的是企业因往期交易或其他事项所产生的，预计会导致经济利益从企业流出的一种现时义务，这种义务是基于企业当前已经承担的责任，而不是未来可能发生的交易或者事项所产生的潜在义务。因此，只有当某项义务既符合负债的定义又满足负债的确认条件时，它才会被记录在资产负债表中，而那些虽然符合负债定义但不满足确认条件的项目，则不会出现在资产负债表上。

这种分类和确认机制确保了会计记录的准确性和财务报表的可靠性。

二、债务风险的概念

风险在财务管理领域中被定义为投资收益的不确定性，这种不确定性体现在实际收益与预期收益之间的偏差上。虽然风险可能导致收益或损失，但从风险规避的角度来看，它主要被视为导致投资损失的概率。特别是在债务管理中，负债风险是指企业借贷活动所带来的风险，它包括两大类：财务风险和经营风险。其中，财务风险主要源于借贷活动，是筹资决策的直接结果，也被称为债务风险或筹资风险。这种解释是对财务风险的一个狭义解释，即仅限于借贷带来的风险。

在高职院校的财务管理中，负债特指高等教育机构所承担的、以货币计量且需要用资产或劳务来清偿的债务。高职院校的债务风险主要来源于运营过程中的资金流动问题。高职院校的负债管理是一个具有双重性质的过程：一方面，适当的负债可以支持学校的发展和日常运营；另一方面，过度的负债可能导致财务危机，影响学校的稳定和可持续发展。所以，高职院校需要积极树立债务风险意识，客观评估过度负债可能带来的风险，以及思考如何有效地控制和管理这些风险。考虑到高职院校的收支特性与企业不同，债务风险的评估和管理不能完全依照企业的标准进行。高职院校需要定制一套适合其实际情况的债务风险评估、防范和化解的系统，以确保其财务健康和长期发展。

三、高职院校债务风险的特点

（一）隐蔽性

在中国的高等教育体系中，由于目前是卖方市场，即需求大于供给，高等教育的定价并不是市场竞争结果，这种状况导致高职院校的财务状况表面上看似稳定，但其面临的财务风险，尤其是债务风险，往往被隐藏。这是因为高职院校可以通过扩大招生规模来维持或改善财务指标，从而遮掩潜在的风险。这种隐蔽性使得对高职院校债务风险的评估变得复杂且困难，因为表面的财务稳定性可能掩盖了深层次的风险结构和潜在的财务问题。

（二）潜伏性

高职院校面临的债务风险具有显著的潜伏性，这主要源于其债务结构和特定的教育环境。第一，高职院校的债务大多来源于信用贷款，这是因为教育机构的性质决定了它们无法使用教育教学设施和设备作为抵押物。第二，高职院校的土地通常是政府无偿划拨的，不能作为贷款抵押物。这些因素导致高职院校的债务主要依靠信用贷款，这类贷款通常具有较长的期限，且贷款用途大多集中在项目投资上，如用于教学和科研基础设施的建设。这些项目的投资回收周期较长，增加了债务的隐蔽性和潜伏性风险。

高职院校的无形资产，如人力资源、学术价值、声誉和知识产权的价值评估尚不成熟，这些资产的经济价值难以用传统的投资回报率或收益率等指标进行量化，贷款资金的经济效益主要通过提高教育质量、师资水平和毕业生就业能力等非直接经济指标体现，使得对贷款的可行性预测和效果评估缺乏具体的量化数据。

（三）公共性

公共财政的概念源于市场机制在某些领域无法有效运作的现实，它主要指政府主导的公共经济活动和经济管理，涉及中央与地方、不同地区、不同部门、不同单位以及城乡居民间的利益分配关系。公共财政的核心功能是提供公共产品和准公共产品，如国防和教育等，旨在满足社会公共需求，如提升政府公共服务水平、促进收入公平分配、实现经济均衡发展和提高人民生活福利等。在这个框架下，高职院校教育作为一种公共产品，其财务管理和债务风险评估需要从公共财政的角度来考虑。

由于高职院校教育的公共性质，其预算和国库集中支付制度要求年度收支平衡，因此评估高职院校的偿债能力时不能仅观察其营利能力。考虑到高等教育的特殊属性，高职院校债务风险的评估应综合考虑负债能力、现金流量和综合财务风险等多个方面的指标。通常情况下，当高职院校通过债务融资的项目产生的收益增值率超过债务成本时，使用贷款筹资是可行的；相反，如果产出的收益不能覆盖债务成本，则贷款筹资不仅不可行，而且不能有效利用财务杠杆。

（四）可转嫁性

高等教育具有典型的公共产品属性，如非竞争性和非排他性，这意味着高等教育的受益者不局限于直接受教育的个人，而是延伸到社会整体。根据《中华人民共和国高等教育法》，高职院校虽然拥有法人资格，但它们只能在法定范围内使用举办者提供的财产。尽管教育部提出了"谁贷款谁负责"的原则，并明确表示不承担高职院校的还款责任，但高职院校由于其非独立产权的性质，实际上并不具备完全独立承担民事责任的能力。在这种情况下，当高职院校面临严重的债务危机时，政府往往成为最终的风险承担者，这表明高职院校承担的债务风险实际上可以转嫁给政府，并最终由社会公众承担。社会公众最终将承担由高职院校债务风险带来的后果，这是高职院校债务风险的一个关键特征。这一特征凸显了高职院校贷款的双重性质：一方面，它能产生社会效益；另一方面，一旦发生潜在风险，其负面影响也可能给整个社会带来重大挑战。

（五）可控制性

在市场经济的背景下，高职院校的债务风险具有一定的可控制性。例如，通过市场调研和理论分析，高职院校能够识别债务风险并了解其影响程度。进一步地，学校可采用预测和技术手段，有效预防和减轻债务风险。为了进一步增强对债务风险的控制能力，高职院校可以着手改善治理结构，强化内部控制机制，优化财务管理体系，构建一个更加稳健的财务风险防范框架。在国家层面，通过完善高等教育相关立法，提升高职院校的法律地位，增加对高职院校的财政投入，以及加强对高职院校贷款管理的监督，都是有效防范和控制高职院校债务风险的重要措施。

第二节　高职院校债务的风险防范

一、制定科学发展战略，避免高职院校规模盲目扩张

（一）处理好学校发展和社会发展的关系

高职院校需要明确自身发展的长远目标和定位，这应当与国家和社会的发展需求紧密相连。在确定发展战略时，学校应考虑社会对各类专业人才的需求，避免盲目扩张那些市场饱和或与社会需求不相符的专业。高职院校还应加强与行业企业的合作，确保教育内容与实际工作技能相结合，提高毕业生的就业率和就业质量。

高职院校在追求规模扩张时，应考虑到资金、师资力量、设施设备等资源的可持续性，扩张计划不应超出学校当前财务和管理能力的范围。此外，还需要考虑扩张对学校财务状况的影响，特别是对债务水平的影响，以避免过度扩张导致的债务风险。学校应制定合理的财务预算，实施严格的成本控制，并通过多元化的融资方式来降低对单一融资渠道的依赖。

需要注意的是，高职院校在发展过程中应重视质量而非仅仅追求数量，这包括教育质量、科研质量和服务社会的能力。通过提高教育质量，学校可以吸引更多优秀学生和教师，进一步提升学校的整体实力和社会声誉。高职院校应积极参与社区服务和社会发展项目，增强其社会责任感，以此来加强与社会的联系和互动。通过这样的方式，高职院校可以在确保财务稳健的同时，实现与社会的良性互动，有效避免因规模扩张带来的风险。

（二）抓住学校发展的各种机遇

高职院校在面对市场和教育领域的快速变化时，需要敏锐地识别和利用各种发展机遇，以增强自身的竞争力和持续发展能力。其具体内容如下：①高职院校应关注国家和地区政策的变化，特别是在教育、科技和产业发展方面的政策导向，政策的支持和引导可以为学校的发展提供方向和资源，如专业设置的优化、科研项目的支持、产学研合作的机会等。利用这些政策机遇，学校可以在保持财务稳健的同时，提升教育质量和科研能力。②高职院校应积极抓住与企业合作的机会。通过校企合作，学校不仅能够得到资金支持，还能获得行业的最新需求和趋势信息，这有助于学校调整课程内容和教学方法，提高学生的实用技能和就业竞争力。校企合作也可以为学校带来更多的实习和就业机会，使学生的职业发展前景更为广阔。③高职院校应重视科研和技术创新的机遇。通过加强科研项目的申报和实施，学校可以提升自身的科研水平和学术影响力。并且科研成果的转化可以带来经济效益，为学校带来额外的资金来源，进而降低对外部贷款的依赖。

（三）制定战略时加强各部门间的交流与协作

一方面，加强部门间的交流与协作有助于学校形成一个更加全面和多元的视角，能更准确地评估自身发展战略的可行性和潜在风险。例如，教学部门、财务部门和行政部门的紧密合作可以实现教育质量的提升和财务安全的双重目标，还能促进资源的高效利用和优化配置，减少不必要的投资和浪费。

另一方面，通过跨部门协作，高职院校能够更好地识别和利用外部机遇，如政策支持、合作伙伴。教学部门和科研部门的合作可以促进课程内容与科研项目的结合，而财务部门可以提供资金支持和预算管理，确保项目顺利进行。

（四）制定战略应结合并创造学校特色

高职院校在债务风险防范的框架下，在制定科学的发展战略时应注重结合并创造学校特色。这一战略的核心在于识别和强化学校的独特优势，并创新和发展新的特色领域。高职院校需进行深入的内部和外部环境分析，识别其在教学、科研、行业合作等方面的独特优势。通过这种自我认知，学校可以开展特色鲜明的教育项目，这能吸引更多学生和教师，还能提高学校在社会和学术界的声誉。另外，创造新的学校特色要求高职院校不断创新和适应变化，面对快速变化的教育市场和社会需求，学校应开展新课程和项目研究。

（五）制定发展战略应量力而行

高职院校在规划其发展时，必须考虑自身的资源和能力，如财务资源、教师队伍、设施设备以及管理能力。高职院校需要进行全面的自我评估，确定其在不同领域的实际能力和潜在限制。基于这些评估，学校应制订既符合其长期目标又能实际执行的发展计划，如扩展专业课程或研究项目时，高职院校应确保有足够的师资力量和实验设备。同样，任何基础设施的扩建或更新应基于其财务承受能力。通过这种审慎的规划和资源分配，高职院校可以有效避免因规模扩张而导致的财务风险，确保教育质量和学术标准不受影响。

二、完善高职院校内部控制制度，强化经济管理控制

（一）完善内部控制环境

为有效防范债务风险，高职院校需要全面优化其内部组织结构，并强化内部控制制度。这包括科学地划分和明确各管理部门的职权和责任，以确保管理的有效性和高效性。高职院校应遵循现代内部控制理论，建立一个健全的风险评估机制，如设立专门的风险评估部门，这些部门负

责定期向管理层提供关于潜在风险的详尽报告。为避免利益冲突，建议校级管理层不在学校下属的经济实体中担任要职。高职院校还应提高国有资产管理部门的地位，确保其对国有资产的监督和管理职权得到充分执行。[①] 学校要将内部控制理念纳入组织文化，通过各级管理层和员工的广泛宣传，形成共同的价值观。此外，加强各部门之间的信息沟通至关重要，这样可以提升管理信息的质量，确保重要信息能够在不同管理层级间有效、及时地流通，为高职院校管理提供支持，达到降低债务风险的目的。

（二）强化货币资金管理内部控制

为了加强货币资金管理的内部控制，高职院校应实施多级对账制度和加强信息化建设。首先，高职院校会计系统中的不同部门应指派专门的对账人员，采用交叉对账的方法，确保不同部门间的对账结果保持一致。这种交叉核查机制有助于发现和纠正潜在的会计错误或疏漏。其次，内部审计机构应运用先进的审计软件定期核查货币资金，以确保会计系统记录的对账结果与内部审计的结果相匹配。最后，高职院校应定期向校级管理层汇报大额资金的流向和使用情况，这有助于管理层及时了解并监督货币资金的流动情况。

（三）完善固定资产管理内部控制

高职院校应当建立一套全面且细致的管理机制。其具体内容如下：①对于大型仪器设备的采购，需要实施严格的论证和评估流程，这涉及让相关机构进行采购论证和仪器的价值评估，以确保采购决策的科学性和合理性；②学校应建立并完善固定资产的定期清查制度，并引入固定资产使用效益评价制度，定期对大型仪器设备的使用效率进行评估，这

---

① 李百超：《高校债务风险防范与化解问题研究：兼论高校法律风险管理体制创新》，知识产权出版社，2010，第52页。

样可以有效提高资产利用率；③积极开展大型设备网络管理系统的建设，提升仪器设备使用的开放性和共享性，这将有助于充分利用高职院校的资源；④对于重大经济合同，应实行归口管理和订立授权制度，并将合同复核纳入学校法律顾问机构的职责范围，以提高合同管理的法律合规性。

（四）加强对校办企业的内部控制

高职院校需确立清晰的校办企业管理架构，明确责任分工，保证决策的透明性和合理性。学校应重视财务管理，确保校办企业的所有财务活动都遵循严格的审计程序，以及合规的财务标准。学校应建立健全风险评估机制，定期评估校办企业的经营风险，确保风险处于可控范围内。此举有助于保护学校资产，也有助于维持学校的财务稳定。学校要加强校办企业的合规培训，提高管理人员和员工的合规意识，确保企业运作不违反相关法律法规。此外，还要建立有效的内部沟通机制，促进信息在不同管理层级间的快速流通，以便学校能够及时响应企业运营中的各种问题，更有效地管理债权债务。

（五）加强物资采购管理与控制

1. 把好物资采购的执行关

内部审计部门必须密切关注采购流程的每一步，从需求评估到最终采购决策。审计团队应确保采购活动遵循既定的财务规范和程序。通过严格的审核和监控，学校可以有效避免过度采购、价格虚高和供应商欺诈等问题，减少不必要的财务支出和潜在的债务风险。

2. 加强物资采购的信息与沟通

有效的信息管理和沟通流程是确保物资采购透明度和效率的基石，这要求审计部门不只关注财务记录的准确性，还需监控采购流程的每个环节，如需求分析、市场调研、供应商选择和合同谈判。审计团队应与采购、财务及相关管理部门建立强有力的沟通机制，确保所有相关信息及时共享和更新。通过这样的信息共享，学校可以及时识别和解决潜在的问题，如预算超支、采购决策失误或供应商风险。审计部门应定期向管理层报告采购活动的状态和成果，以及可能存在的风险和建议。

3. 物资采购风险防范与应对

对于高职院校来说，在进行物资采购时，可能存在一系列的风险，对此，学校应做好防范和应对措施，如表 5-1 所示。

表 5-1　高职院校物资采购风险及相应措施

可能存在的风险	风险影响	措施
计划不周的风险	浪费资金、影响工作	坚持"先预算，后计划，再采购"的原则，坚持对口论证和专家论证
招标不规范的风险	存在舞弊现象、价高质低	成立招标采购领导小组和招标机构，明晰职责，规范开展招标采购工作
验收不规范的风险	单位信誉和资金受损	合理组织验收小组，对照招投标文件和合同条款进行验收，做好验收记录
把关不严格的风险	单位资金遭受损失	不相容职务分离，建立会签制度，对照合同约定和验收记录审核付款凭证
档案保管不善的风险	采购无效或责任不清	建立信息平台，让专人保管各项采购预算批复文件、招投标文件和评标文件

（六）加强高职院校内部审计力度

第一，高职院校需建立一个独立、高效的内部审计系统，以全面审查财务记录和交易，确保所有财务活动的合规性和透明度。此系统应定期对财务状况进行深入分析，如分析学校的债务水平、资金流动性和偿债能力，以便及时发现潜在的财务问题和风险。第二，内部审计部门应具备高水平的专业能力和独立性，能够在无偏见的基础上提出客观建议。

第三，内部审计报告应被视为管理决策的重要参考，确保高职院校管理层能够基于翔实的数据和分析作出明智的决策。

三、加强高职院校贷款评估管理，规范高职院校贷款行为

（一）建立债务风险预警系统

建立债务风险预警系统的目的是提前识别可能导致财务困境的因素，如不合理的贷款规模、偿还能力的下降或市场环境的不利变化。为此，高职院校需要设立专门的财务分析团队，负责收集和分析与贷款相关的各种数据，这些数据应定期更新，以反映最新的财务状况和市场情况。债务风险预警系统应包括一套评估标准和阈值，当关键指标超出这些阈值时，系统将发出警报。这些指标可以是负债率、流动比率、偿债能力比率等。

此外，还应制定风险应对措施。当系统发出风险警报时，高职院校需要有一套明确的应对流程，如重新评估债务结构、调整财务策略，甚至暂停或缩减新的贷款申请。学校也应考虑采取一些长期措施，如增加财务储备、多元化收入来源，或改善内部管理和运营效率，以增强对未来不确定性的应对能力。

（二）完善贷后治理机制

高职院校需要建立一套全面的贷后管理体系，该体系应对贷款资金的使用情况进行严格监控，确保资金用途符合预定目标。这种监控涉及财务支出的合规性，也包括项目进展的定期评估。学校可以设立专门的监督团队，负责跟踪和审查贷款资金在各个项目中的使用情况，确保项目按计划进行并有效实现其预期目标。此外，高职院校应建立风险评估机制，定期评估贷款项目可能面临的风险，并制定应对策略，如市场变化、成本超支等。

此外，学校还应建立贷后治理的反馈和调整机制。这意味着高职院

校需要在项目实施过程中及时收集反馈，并对策略和计划进行必要的调整。如果某个贷款项目的成本大幅超出预算，或市场需求发生变化，学校应能够迅速采取措施，调整项目方向或资金分配，以减少潜在损失。学校应建立健全内部报告制度，定期向管理层和利益相关者报告贷款使用的情况和效果。这种透明的报告机制有助于提高管理层对贷款项目的了解和监督，增加利益相关者的信任和支持。

四、开拓高职院校的资金筹措渠道

（一）社会捐赠、集资

校友、企业和慈善组织的捐赠为高职院校提供了必要的额外资金，促进了学校与社会的深度融合。这种资金的注入除用于基础设施的建设和教学资源的完善外，还用于学生奖学金发放和科研项目开展，进而提升教育质量和研究能力。高职院校可以积极探索其他集资方式，如举办公益活动、设立专门的教育发展基金或启动众筹项目，这些活动能够吸引更多的社会资本参与，还能提高公众对高等职业教育重要性的认识，促进学校与社会的互动和合作。

（二）社会服务收入

社会服务收入作为高职院校重要的经济来源之一，涵盖了学校在与地方政府、企业及其他机构合作中所获得的各类收益，这包括为地方政府或企业提供专业人才培养和培训服务，如开展定制化的教育项目和技能培训课程。高职院校参与地方政府和企业的科技研发项目也是其重要的收入来源，这有助于校方获取资金，还能促进学校科研能力的提升和实践经验的积累。通过合作或联营生产企业、参与高新技术产业的创办，高职院校能够直接介入市场经济，进而获得经济收益。另外，为地方政府和企业提供专业咨询和决策支持，也能够为高职院校带来收入，还能增强学校在社会经济发展中的作用和影响力。

（三）通过承接国家、地方政府或部门的科研课题任务增加收入

这类课题一般涉及国家重大战略、民生项目或对社会主义建设有重大影响的研究任务，反映了高职院校在国家科研体系中的作用和地位。通过参与这些科研项目，学校可以获得经费支持，也能提升其科研能力和学术影响力。但是，这些课题的经费分配并不完全遵循市场经济规则，而是更多地考虑到研究过程中的成本消耗。政府部门作为投资主体，其拨款不仅是为了支持学校的科研事业，更是出于对国家整体利益的考虑。因此，高职院校在承接这类课题时，既要看重经费收入，又应重视其在促进学科发展、师资队伍建设以及提升学校整体学术水平方面的作用。这种承接国家任务的方式，既体现了学校的社会责任，也是其服务国家发展、参与国家重大战略实施的重要途径。

（四）通过开办校办企业增加收入

开办校办企业代表着学校对外经济活动的一种自我投资形式。在这个模式下，高职院校利用自身的资源优势，如校园资产、科技成果、专业知识等，积极参与市场经济活动。校办企业的设立通常基于学校提供的资产租赁权、科技成果转让权，以及企业的自主经营权。学校在这种合作中，一方面作为资源提供者，另一方面还作为利益共享者，按照股份制原则从企业的盈利中获得收益。此外，校办企业通常还能享受国家制定的优惠政策，这为学校带来额外的经济收益。在运营模式上，校办企业与普通企业无异，完全遵循市场经济规律，进行等价交换和价值实现。通过校办企业，高职院校能够实现资源的有效利用，增强自身的经济实力，为教育和科研活动提供更加稳定的资金支持。

五、加强投融资控制

（一）控制和化解高职教育投融资风险

1. 国家层面的宏观调控与教育体系的合理规划

国家应通过宏观政策引导高职院校合理规划发展规模、优化校园布局和教育结构，构建规模适宜、布局合理、层次分明的教育系统，以提高教育资源的使用效率，促进教育质量的提升。走内涵式发展道路，即注重教育质量而非单纯扩张数量，是实现这一目标的关键。为此，国家需建立并完善教育经费监督机构，强化其监督职责，确保教育资金专款专用，避免资金挪用和浪费。此外，还应对高职院校的仪器设备使用情况进行定期检查，确保教育资源得到最大化利用。

2. 高职院校财务管理的强化

高职院校应合理编制财务预算，并科学配置学校资源，以提高财务管理的效率和透明度。学校应实行图书、仪器设备统一规划和配置[①]，减少不必要的投资，提高资源使用效率。缩减非专任教职工比例、降低师生比也是提高教育经费使用效率的有效途径。此外，可借鉴国际经验，如印度的高职教育财务管理体系，让大学拨款委员会和人力资源开发部负责监督和评估高职院校财务状况，并对违规使用经费行为进行纠正。

（二）进一步完善高职院校投融资机制

对于高职院校来说，适度征收学费是一种分担政府财政压力的有效方法。就学费设定而言，若学费过低，则可能违反公平性原则；而学费过高，又可能超出学生及其家庭的负担能力。基于此，提倡依据"受益者付费"和"支付能力"原则来制定学费标准。这意味着相关人员在全面评估高职教育成本的基础上，要考虑地区差异、经济发展水平、财富

---

① 张振、邢家合：《如何完善我国高等教育投融资体制》，《商业时代》，2006 年，第 30 期。

分配政策及高职院校的性质和地理位置等因素，制定一个公平合理的学费模型，这样的模型应当能够使政府、社会团体、企业、学生及其家庭等各方面公平分担教育成本。为了更好地适应市场和社会需求，高职院校应被授予一定的自主权，以适时调整学费标准，政府需加强对这一调整的监管，确保学费的合理性和透明度。

（三）平衡各地教育投资

为了平衡不同地区之间的教育投资，中央政府应采取财政再分配策略，将经济发达地区的部分财政收入转移到经济较弱的地区。这种做法旨在促进各地区教育资源的平衡发展，确保教育的公平性。在此过程中，可以吸取日本的相关经验，日本政府为了缩小不同地区在教育机会和条件上的差异，实施了国家财政补助和地方交付税制度，这种制度从地方税收中提取一定比例的资金，专门用于高职教育，有效保障了公立大学的资金来源。其核心理念是通过教育财政转移支付，实现教育资源的合理分配。类似地，在美国，联邦政府通过各种资助形式对高职教育进行财政转移支付，旨在确保教育资源在全国范围内的均衡分配。

第三节　高职院校债务危机的长效机制

为了在保障学校正常运作和稳定性的前提下解决债务问题，高职院校的财务部门采取了一系列措施。这些措施包括但不限于申请政府财政拨款、进行土地置换、享受财政贴息，以及通过缩减预算来降低运营成本。[1] 这些做法虽然在一定程度上有助于债务的偿还，但是它们大多依赖于政府政策的支持，缺乏自主性和长期性。尤其是在缩减预算和运行成本的过程中，可能会牺牲教学质量、延缓学科建设和师资队伍建设，进而影响高职教育的均衡和可持续发展。在当前的高职教育环境下，高

---

① 斯瑾慧：《化解高校债务危机的长效机制探究》，《中国商贸》，2015年，第23期。

职院校面临的财务压力并非短期内可以完全解决的问题，因此需要一种更为全面和长远的视角来应对这一挑战。

针对高职院校的财务风险，必须建立一套长效的防范和控制机制。结合我国高职教育的性质和特点，本书认为要想解决我国高职院校的债务危机，建立长效机制，应当从资金来源渠道、资金运作与使用两方面着手。

一、资金来源渠道

关于资金的来源渠道，在上一节中已经做了详细介绍，如社会捐赠与集资，社会服务收入，承接国家、地方政府或部门的科研课题任务，开办校办企业等，在此不再赘述。

二、资金的运作与使用

在高职教育领域，一个大学的持续健康发展依赖于成本与效益原则的均衡实施和软硬实力的稳步提升。一个关键的战略是，不论在什么情况下，都应谨慎合理地使用资金，避免盲目和无效的投入。当前，部分高职院校在招生期间，受到其办学目标和价值观的影响，过分强调基础设施的建设而忽视了教育的"内涵"与"外延"的平衡发展。这种短视的资金分配策略，虽然暂时满足了扩招需求，但却导致了一系列长期的负面效应。例如，基础建设的过度投资未能实质性地支持学校的发展战略，导致投资结构不合理；过大比例的校园面积和建筑物投资，挤压了教学和科研设备的资金，削弱了高职院校在后续发展和软实力建设上的能力；物质文明的过度发展与精神文明的滞后，对高职教育的可持续发展和核心竞争力构建构成了潜在威胁。因此，高职院校必须改变资金的使用和运作方式，以应对这一挑战。

高职院校应当完善其财务预算体系，以提升资金使用的效率和效果。学校在财务管理中应充分考虑各方面因素，坚持"量入为出，收支平衡"的原则，参与和指导整个过程。学校可通过分析财务支出的合理性和效益性，平衡投入与产出的比例，并且在满足必要需求的基础上，尽量减少浪费性支出，提高资本性支出决策的透明度。目前，高职院校面临设备重复购置、资产空置率高和资金利用率低等问题，这与信息流通不畅、部门间缺乏协调、资源分配不合理有直接关系。财务部门需站在全校的角度，全面了解学校的实际情况，建立刚性预算制度，科学合理地编制预算，并建立严格的预算管理监督机制。在安排资金预算时，财务部门应全面分析全校的资金需求，按照轻重缓急进行合理排序，优先考虑最迫切的需求。在可能的情况下，财务部门可通过校内资源调配解决问题，确保有限的资金在最关键的领域发挥最大效益，促进高职院校的全面发展和长远繁荣。

高职院校在未来的发展中，需积极转变其发展模式，坚定地走向"内涵式"发展的路径。我国在经历了一段以举债为支撑的"外延式"发展之后，高职院校已积累了大量优质资源，这些在未来相当长一段时间内能够满足办学需求。鉴于此，高职院校未来的发展重点应该是加强人才队伍的建设、提升教学和科研的水平，以及完善规则制度。与此同时，应严格控制在硬件设施上的投入，更多地聚焦于软实力的提升，如培养学校的特色和内涵，增强其核心竞争力，以全面提升高职院校的学科实力和综合管理水平，保持学校长期的活力和竞争力。

高职院校在面对债务问题时，建立并完善内外部财务监督和问责制度显得尤为重要。高职院校的债务积累往往与财务预算的不透明性、缺乏有效的债务风险预警机制密切相关，财务决策的依据以及资金使用的效果，都需置于一个客观公正的平台上进行严格监督和控制。此外，一些高职院校由于扩招导致对资金使用缺乏合理规划，存在浪费现象和低效益问题，问责制度能确保每一笔较大金额的资金调配都经过投入产出和成本效益的充分论证，具备理论支持，从而避免不合理的开支和腐败行为。[1]

---

[1] 斯瑾慧：《化解高校债务危机的长效机制探究》，《中国商贸》，2015年，第23期。

高职院校当前面临的债务危机，可以视为其提升办学层次过程中的阶段性挑战，是暂时且可解决的。在解决这一危机时，探索长效的管理机制至关重要，高职院校需要充分利用现有资源，在内部寻求协调，在外部寻求合作，以拓宽资金渠道和合理利用资金。另外，强化高职院校的软实力建设，有助于缓解其当前的财务压力，还能增强其在科研和产业化进程中的重要作用，为社会发展贡献源源不断的动力。

第六章 高职院校财务风险管理的内部控制

第一节 风险管理控制概述

一、风险管理的过程

风险管理是一个系统的过程，旨在通过有目的、有组织的方式在各类事件或活动中实施安全保障，以减少或避免风险。这一过程主要包括四个阶段，如图 6-1 所示：

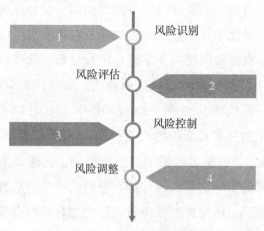

图 6-1 风险管理的过程

（一）风险识别

风险识别是风险管理过程中的关键首步，其核心在于及时准确地识别和确认潜在的风险。由于风险本身具有不确定性、潜在性和模糊性，在实际操作过程中的预测与识别充满挑战。有效的风险识别依赖于管理者的经验判断、细致观察和对科学方法的综合运用，如对各种现象的敏锐观察、对数据趋势的跟踪分析，以及对事态发展的深入感知。专业术语中，这一过程涉及环境扫描（Environmental Scanning），即系统地收集和分析外部环境信息，以及情景分析（Scenario Analysis），即通过构建不同的未来情景预测和评估潜在风险。除此之外，还需运用定性分析和定量分析相结合的方法，如 SWOT 分析（其中 S 代表 Strengths, W 代表 Weaknesses, O 代表 Opportunities, T 代表 Threats）和风险矩阵（Risk Matrix），以全面评估风险的可能性和影响程度。通过这些方法，管理者能够在复杂多变的环境中，有效地识别出潜在风险，为后续的风险评估和控制打下坚实基础。

（二）风险评估

风险评估的主要目的是在风险事件发生前，对潜在风险造成的各种影响和损失进行量化和评估。这一过程涉及对风险发生的概率和可能导致的损失（包括直接和间接损失）进行综合分析。管理者在实施风险评估时，通常采用概率论和数理统计的方法，如事件树分析（Event Tree Analysis, ETA）和故障树分析（Fault Tree Analysis, FTA），以估算特定风险事件发生的概率及后果的严重程度；还会运用风险暴露度（Risk Exposure）的概念，评估风险带来的潜在影响，这通常涉及对风险发生概率与风险带来的影响之乘积的计算。有效的风险评估有助于识别哪些风险需要重点关注，还能帮助管理者制订更加合理的资源分配和风险应对计划，以减轻或避免潜在风险带来的负面影响。

（三）风险控制

风险控制作为风险管理的核心部分，既是一种管理手段，也是整个风险管理过程的关键环节，其主要目的是通过采用科学的方法和手段阻止或减少风险的发生，以最大限度地降低由风险带来的损失。实际上，尽管不可能完全杜绝风险，但是通过有效的管理，可以将风险控制在一个可接受的范围内，从而使利益最大化，这需要风险管理者识别和评估风险，并采取适当的控制措施。

1. 风险回避

风险控制的第一步是风险回避，这是当风险识别和评估表明某一风险带来的潜在损失大于或等于风险行为可能带来的利益时所采取的策略。风险规避的情况通常包括：

第一，风险承担者对风险有极端的厌恶感；

第二，存在其他风险更低的替代方案，能够实现相同的目标；

第三，风险承担者没有能力消除或转移风险；

第四，承担该风险没有足够的补偿或承担该风险的潜在损失超出了承担者的能力范围。

在这些情况下，选择避免风险通常是较为明智的选择。

2. 损失控制

损失控制则适用于那些风险引起的损失预计小于风险行为所能带来的利益的情况。在这种情况下，虽然事件或事务将按计划实施，但在实施前，通过制订周密的计划最大限度地降低风险发生的概率，包括在实施过程中努力控制风险点的发生，以及对于那些不可规避的风险，采取措施尽可能地减少它们对利益的损害，这要求风险管理者在策划和实施阶段都要具备前瞻性和应变能力，确保风险控制的有效性和及时性。

3. 风险转移

风险转移旨在将识别和评估出的高概率风险通过特定方式转移给其他相关方，从而减轻自身承担的风险程度。这一策略主要通过合同转移和保险转移两种形式实施，在合同转移中，通过法律约束的合同，一方将特定风险的部分或全部转移给另一方或多个参与方，这种方式常见于供应链管理、项目合作等场景。而保险转移则是通过与保险公司签订保险合同，将潜在的风险转嫁给保险机构，以对可能的损失进行经济补偿，这种方式在商业运作中极为常见，如财产保险、责任保险。这两种风险转移方式的核心在于通过外部机构或合同关系共担风险，以减轻主体对风险的直接承担，保障主体的利益和可持续发展。实际操作中，风险转移策略需谨慎选择，确保风险转移的对象具备足够的承担能力，并通过合理的合同设计和保险安排，最大限度地减少风险带来的潜在影响。

4. 风险保留

风险保留用于处理那些已被识别和评估，且在可控范围内的风险，这种策略意味着组织或个体决定自行承担某些风险，而非通过转移或规避的方式处理。风险保留通常分为两种类型：无计划自留和有计划自我保险。

（1）无计划自留。无计划自留是一种被动的风险保留方式，通常发生在风险管理者未能充分认识到风险或者低估了风险带来的潜在损失之时。在这种情况下，风险导致的损失只能在风险行为发生后通过主体的收入支付，没有事先的资金准备。这种做法有一定的风险，因为如果实际损失超出预期，可能会导致财务困难和资金流转问题。所以，在风险管理中，通常建议谨慎使用无计划自留策略，特别是对于那些可能导致重大损失的风险。

（2）有计划自我保险。有计划自我保险则是一种主动的风险管理方法，涉及在风险发生之前进行资金安排，以确保在损失发生时能够及时获得补偿。这通常通过建立专门的风险预留基金实现，如为潜在的坏账设置专门的准备金。有计划自我保险需要主体对风险有充分的认识和评估，并制定相应的财务策略，以应对可能的损失，这种策略在风险可控且损失程度可预测的情况下尤为有效，因为它允许主体在保留风险的同时，准备相应的应对措施，进而减轻风险带来的影响。

（四）风险调整

风险调整是风险管理过程中的一个关键阶段，涉及根据风险的严重性、主体的风险承受能力，以及风险环境的变化，对现有的风险管理策略进行优化和改进。这一过程包括重新评估和校准风险评估模型（Risk Assessment Models）和风险评分（Risk Scoring），以确保它们反映当前的风险状况。风险调整的目的是通过动态调整风险管理计划，以更好地适应不断变化的外部环境和内部条件，因此需要修改风险缓解策略、调整风险转移机制、更新风险保留计划或改变风险预算分配。有效的风险调整需要持续的风险监控和定期评估，便于确保风险管理策略始终与主体的整体目标和策略相一致。

二、经营风险的控制

高职院校在经营风险控制方面需借鉴企业管理中成熟的内部控制机制。内部控制，是企业风险管理的核心部分，对于高职院校而言同样重要。高职院校的财经管理，尤其是在资金运作、资产管理、预算控制和审计监督等方面，内部控制的作用不可忽视。高职院校需将企业界的内部控制理论和成功经验结合自身特点，形成适应高等教育行业的内部控制体系。

第一，高职院校需建立健全内部控制框架，包括控制环境、风险评估、控制活动、信息与沟通以及监督。控制环境是基础，涉及组织结构、管理理念、职业道德等，为风险管理提供支撑。风险评估需针对高职院校可能面临的多种风险进行，包括但不限于财务风险、教学质量风险、科研项目风险等，确保风险识别与评估的全面性和准确性。

第二，控制活动为内部控制的核心，需制定具有针对性的控制措施以应对已识别的风险。这些控制措施包括制定和执行财务政策、审计程序、操作规程等。信息与沟通机制的建立则需确保所有相关人员能够及时获取、分享与风险相关的关键信息。还应监督机制的建立和实施，要定期审计和评估，确保内部控制系统的有效运行和持续改进。

在此基础上，高职院校需加强风险意识培训，提升全体员工特别是管理层的风险识别和提升分析能力。通过定期的培训、研讨和案例分析，增强对风险的敏感性和应对能力。此外，高职院校还需建立动态的风险监控体系，通过实时数据分析和趋势预测，快速响应和调整风险控制策略。

三、风险控制的方法

（一）稽核控制

财务稽核作为一项关键的财务管理活动，涉及对会计流程的细致审查和验证，它是指在财务管理领域内部进行的自我监督和检验，旨在确保会计活动的准确性和合规性。这种行为涵盖对会计凭证、账簿和报表的严格审计，确保这些项目与实际情况相符，也包括对财务预算的细致审核，以及对内部控制机制的全面评估。在高职教育机构中，财务稽核是一种制度化的过程，通常由指定的专业人员负责，他们专注于对学校的会计凭证、账目记录和财务操作流程进行深入的复查和核实。对于高职院校来说，做好财务稽核控制工作，需要做好以下几点，如表 6-1所示：

表 6-1　高职院校稽核控制要点

稽核控制领域	关键要素及措施
制定财务稽核制度	（1）依据政府会计制度制定； （2）考虑校内财务特殊性； （3）明确稽核目标、原则、任务； （4）规定稽核职能部门、职责、岗位、人员资格及管理权限。
制订年度稽核计划	（1）基于目标管理原则； （2）明确稽核目标和详细规划； （3）关注预算、核算、决算、资产、收费等领域。

稽核控制领域	关键要素及措施
建立稽核工作网络	（1）财务负责人领导协调； （2）确保信息快速流通和准确掌握； （3）覆盖所有业务流程的关键控制点。
加强稽核队伍建设	（1）专业化培训和继续教育； （2）实践经验积累； （3）参与专业组织和学术交流； （4）引入先进审计技术和工具。
建立监督记录簿	（1）监督稽核工作； （2）建立"稽核监督记录簿"或"稽核工作日志"； （3）记录稽核活动、建议、处理结果及问题分析。
实施现场与非现场稽核	（1）现场稽核于小规模、集中校区； （2）非现场稽核作为现场稽核的补充； （3）电子网络技术支持。
运用稽核成果	（1）及时纠正偏差； （2）堵塞漏洞； （3）持续的财务稽核和风险评估。
明确责任，赏罚分明	（1）明确责任体系； （2）建立透明的奖惩机制； （3）对表现优秀者给予奖励； （4）对违规者实施惩罚。

1. 以政府会计制度为依据，制定财务稽核制度

高职院校在制定财务稽核制度时，必须以政府的会计制度作为基础框架，同时考虑校内财务管理的特殊性。学校财务部门应全面评估自身的财会业务，识别和分析潜在的风险点，以及制定关键风险控制措施。随着政府会计制度的实施和会计事项的增加，学校也需要关注由此引起的新的风险因素，此时，依据学校内部控制业务流程，对于这些风险的有效管理显得尤为重要，在此基础上，学校应建立和完善财务稽核工作制度，确保风险管理的系统性和有效性。

财务稽核制度的具体内容应涵盖多个方面：①明确稽核工作的目标、

原则和具体任务。②制度中应明确稽核职能部门的设立、职责划分及稽核岗位的设置和责任界定。③需要规定稽核人员的资格条件、职责及管理权限。④稽核工作的范围、内容及程序应具体明确，以确保操作的一致性和标准化。⑤对于稽核工作的监督、考核和评价机制也应在制度中予以规范，以保障稽核工作的质量和效果。

通过这种全面而细致的制度设计，高职院校的财务稽核工作将实现统一规划、统一部署、统一要求，结合全面稽核、专项稽核和常规稽核，实行专人专岗、分工明确的管理模式。

2. 制订年度稽核计划，实行目标管理

高职院校财务部门需按照目标管理原则，精心制订年度稽核计划，这一计划是年度财务工作的关键组成部分，也是确保稽核工作高效、有序进行的基础。计划的制订应包括明确稽核的具体目标，并详细规划各项稽核任务的执行时间、涵盖范围、关注重点及预期结论。关键的稽核领域包括预算审查（Budget Audit）、核算验证（Accounting Verification）、决算审定（Final Account Audit），资产审查（Asset Audit）以及收费检验（Fee Verification）等。

3. 建立稽核工作网络，增强控制力

稽核工作网络的建立以财务机构的负责人为核心，负责领导和协调整个稽核过程。核心任务在于实现对稽核信息的快速获取和准确掌握，包括及时了解稽核进度、关注重点和难点问题，以及对新出现的情况和问题进行分析和响应。财务机构负责人需确保稽核工作网络覆盖所有业务流程的关键控制点，依据稽核要求进行严格的追溯检查，以保证稽核工作的高质量执行。

稽核网络中的每位成员，特别是稽核人员，负有定期或不定期向总稽核岗位汇报工作情况的责任，如对重大业务的稽核疑点、风险点进行分析，提出解决方案和建议。总稽核岗位负责定期编制和提交财务稽核报告，向财务机构负责人报告稽核工作的整体情况。通过这样一个环环相扣的稽核网络，形成了从基层稽核人员到总稽核岗位，再到财务机构负责人的严密监控体系，这种多层级、互联互通的稽核工作网络，确保了稽核任务在每个环节的有效执行，大幅提升了整体的稽核效果和控制力度。

4. 加强稽核队伍建设

①需要通过专业化培训和继续教育提升稽核人员的专业能力和业务素养，如对财务法规、审计标准、风险管理方法等关键领域的深入学习，确保稽核人员具备全面的财务知识和敏锐的风险识别能力。②需注重实践经验的积累和对于稽核人员案例分析能力的培养，使他们能够在实际工作中准确应用理论知识，有效识别和处理各类风险。③高职院校应鼓励稽核人员参与专业组织和学术交流，以便于不断更新稽核人员的专业知识，保证他们能够紧跟行业发展趋势。④为了提升稽核工作的效率和质量，应引入先进的审计技术和工具，比如数据分析软件，以加强对财务数据的分析和解读能力。

5. 建立监督记录簿，强化稽核监督工作

应建立和完善稽核监督机制，这一机制包括指派专职或兼职的会计专业人员负责监督稽核工作，以及创建专门的稽核监督记录系统。在这一系统中，应设立专用的"稽核监督记录簿"或"稽核工作日志"，用以详细记录各类稽核活动，如常规稽核、专项稽核和定期稽核的过程和结果。记录簿还应包括对稽核过程中提出的建议、实施的措施及效果的详尽记录，并对发现的问题进行深入的分析和研究。

基于这些分析，稽核监督人员应制定相应的整改措施，并对重要稽核事项的监督记录、问题分析及稽核监督工作的总结进行归纳整理，定期向财务机构负责人报告。通过这种方式，财务机构负责人能够全面了解稽核工作的当前状况，掌握稽核监督的实际效果和作用，为稽核工作的改进提供依据。持续的监督和反馈机制有助于及时发现并纠正稽核过程中的错误和疏漏，还能显著提升整个财务稽核体系的有效性和透明度，确保财务稽核工作真正发挥其应有的作用。

6. 组织实施、开展现场稽核与非现场稽核

对于规模较小、校区集中的院校，现场稽核是最为有效的方法，它直接对校区内的财务活动进行实地审查，以确保会计记录的准确性和合规性。现场稽核能够直接观察和评估财务处理流程，对照财务规定和标准，确保财务活动的透明和规范，这种稽核方式特别适用于那些财务活动相对集中、管理体系较为简单的高职院校环境。

对于规模较大、校区众多且采取分级管理的高职院校，现场稽核和非现场稽核相结合的方法显得尤为重要：在主校区，可以实施现场稽核；而在其他分校区则可以运用非现场稽核作为补充。非现场稽核主要依赖于电子网络技术，通过远程收集、处理和分析连续会计期间的数据，动态监控财务状况，及时揭示主要的风险点和异常趋势。这种方式具有即时性、全面性和快捷性的优点，能够有效进行风险预警和提示。在非现场稽核的基础上，可根据具体情况和需要，安排现场稽核，以提高其针对性和有效性。

7. 运用稽核成果，纠正偏差，堵塞漏洞

纠正偏差和堵塞漏洞这一过程要求高职院校既要进行严格的财务审查和风险评估，还需要将稽核结果转化为实际的改进措施。首先，高职院校应对稽核过程中发现的所有财务偏差和不规范操作进行详细记录和分析，确定根本原因，如对会计错误、预算超支、资金管理不善等问题的深入探究。其次，基于这些分析，高职院校需要制定和实施具体的纠正措施，如优化财务流程、加强内部控制、提升财务人员培训质量等。再次，高职院校应重视稽核过程中暴露出的系统漏洞，通过改进财务政策和程序，加强监督机制，有效防止类似问题的再次发生。最后，高职院校应建立持续的财务稽核和风险评估机制，确保财务管理的连续性和动态调整能力，保障学校财务的稳定性和可持续性。

8. 明确责任，赏罚分明

应确立一个明确的责任体系，以确保每个参与财务管理和稽核工作的个体清楚自己的职责和期望，责任体系涵盖对财务记录、报告的准确性、合规性及时效性的责任归属，以及在稽核过程中对发现问题的及时报告和纠正措施的承担。高职院校还应建立一个透明的奖惩机制，对于那些在财务管理和稽核工作中表现优秀、能够有效识别和解决问题的个体或团队给予奖励，这种奖励可以是金钱上的、职位上的或是声誉上的，以激励其他成员积极参与和改善财务管理工作。相反，对于那些未能恪守职责、导致财务风险或损失的个体或团队，应当实施相应的惩罚措施，如警告、罚款、职位调整或其他纪律处分，这一奖惩体系应在全校范围内公开透明，确保每位员工都能理解和接受。

（二）审计控制

高职院校审计控制要点如表 6-2 所示：

表 6-2　高职院校审计控制要点

审计控制领域	关键要素及措施
严格预算执行审计	（1）评估预算管理全面性； （2）审查收入和支出预算执行情况； （3）核查预算编制、批准及调整流程； （4）验证预算的真实性、合法性和完整性。
加强决算审计	（1）审查年度财务报告和财务状况； （2）验证收支项目真实性、客观性和合法性； （3）确保决算报表完整性、正确性。
及时纠正审计发现的问题	（1）实施即时纠正措施； （2）建立防止问题复发的机制； （3）内部审计机构对整改情况进行跟踪评估。
决算审计的重点提示	（1）审计货币资金、应收票据、应收及暂付款； （2）重点关注资金收支流程、内部控制机制； （3）确保年末余额和会计报表披露的准确性。

审计控制领域		关键要素及措施
加强重点领域的审计	科研经费管理审计	（1）审查科研经费的分配、使用和管理； （2）识别和评估科研经费管理的风险点； （3）验证科研经费使用的合规性和效益。
	建设工程管理审计	（1）评估工程项目的规划、招标、合同管理； （2）审查工程质量、成本控制、验收； （3）识别工程管理中的风险和不规范行为。
	学校资产管理审计	（1）关注资产的采购、使用、维护、处置； （2）审计资产管理的规范性和有效性； （3）评估与资产管理相关的风险。

1. 严格预算执行审计

预算执行审计过程应集中于评估院校预算管理的全面性，应对收入和支出预算的执行情况以及预算结果进行仔细审查。一是预算执行审计要核查预算的编制、批准及调整流程是否遵循科学、合理和符合规范的原则。二是对收入预算的真实性、合法性和完整性进行验证，以确保所有预期收入均在预算中得到妥善记录和管理。三是对于支出预算，审计需要重点检查其真实性、合法性和有效性，确保每一笔支出都是必要且合理的，并符合法律法规的要求。四是审计应涵盖对预算收入和支出执行结果的分析，包括对执行中出现的偏差及其原因的详细评估，通过这种全面的预算执行审计，高职院校能够更有效地组织收入，合理安排支出，优化资源分配，并提高资金的使用效益，进而促进院校财务管理的规范化和透明化。

2. 加强决算审计

此类审计主要聚焦于对院校年度财务报告所揭示的财务状况、年度财务收支情况以及事业单位发展计划的完成情况进行全面审查。核心工作包括验证各项收支项目的真实性、客观性和合法性，确保年终资金和物资的清理结算符合规定。决算审计需要确保决算报表及财务情况说明书的全面性、完整性和正确性，通过对资金运用的效益进行详细的确认和评估，审计旨在增强预算的执行力，提高决算编制的精准度和可靠性。执行这一审计过程能有效提升高职院校财务管理的规范性和质量，并通过加强对预算和决算的审计监督，提升院校财务管理的整体水平。

3. 及时纠正审计发现的问题

对于预算执行和决算审计过程中发现的问题，必须实施即时纠正措施并建立有效机制，以防止这些问题的复发。实施纠正措施以解决预算执行和决算审计过程中识别的财务不规范或误差，并对重大的违规行为进行责任追究，确保财务管理的规范性和合法性。此外，高职院校需强化内部审计机构的作用，对整改措施的实施效果进行持续的跟踪和评估。

4. 决算审计的重点提示

重点审计内容包括货币资金、应收票据、应收及暂付款等关键财务项目，这些领域是风险暴露的高发区域，需要特别关注。

对于货币资金的审计，应重点关注资金的收支流程是否遵循相关法律法规和内部控制规定。需检查银行账户的开立是否合规，审查是否存在公款私用或徇私舞弊行为。需要评估银行存款和有价证券的来源合理性，以及转账和存款操作的合规性和有效性，确保不存在资金安全方面的隐患。对于定期存款和对外融资活动，也需严格审查其是否符合财务管理规定。

在应收票据的审计中，应关注票据的内部控制机制是否严密，是否充分了解承兑票据的承兑单位信用状况，从而评估潜在的风险。还应检查是否建立了应收票据的备查簿，以确保票据的管理和使用符合规范要求。

对于应收及暂付款的审计，重点在于评估内部控制制度的有效性和合理性。审计需验证应收暂付款的收支是否合理有效，是否符合预设的财务指标。还应时刻关注应付款的及时清理情况，查明未回收款项的原因，并追究相关责任，对于未按程序核销的应收及暂付款，以及存在的呆账和坏账情况，都应进行严格的审查。此外，应检查经济责任制的建立和执行情况，确保预算控制、及时清理和公款公用等原则得到遵循。

对年末余额的正确性和会计报表的适当披露进行确认，以确保财务报告的真实性和完整性。

5.加强重点领域的审计

（1）加强科研经费管理审计。加强科研经费管理审计需要专注于对科研经费的分配、使用和管理过程的严格审查，确保经费的合理性、合规性和有效性。具体来说，审计团队应对科研项目的预算编制、资金拨付、费用报销及资金最终使用情况进行深入审查。重点在于识别和评估科研经费管理中可能存在的风险点，如非法挪用资金、虚报开支、预算超支等。审计还需验证科研经费使用是否符合项目要求和规定，是否有透明的报告和记录机制，以及是否有有效的内部控制措施，以防止财务不规范行为。

（2）加强建设工程管理审计。此类审计应集中于评估工程项目的整体规划、招标过程、合同管理、工程质量、成本控制及最终验收等关键环节。主要目的是确保各项建设工程遵守法律法规和内部控制政策，特别是在预算编制、资金分配、成本开支及工程进度管理方面。审计需重点识别可能存在的风险和不规范行为，如成本超支、工程延误、质量不合标准、违规操作。

（3）加强学校资产管理审计。此类审计应重点关注资产的采购、使用、维护、处置，以及资产管理的规范性和有效性。审计工作涵盖固定资产和流动资产的完整管理周期，如资产的获取、登记、评估、折旧、盘点及处置等各个环节。目的在于确保学校资产管理的合规性、准确性和有效性，识别和评估与资产管理相关的风险，如资产浪费、损失、盗窃或不当处置。应验证资产管理流程是否符合相关财务和管理规定，资产记录是否准确完整，以及资产使用和保养是否得当。

（三）监督控制

高职院校监督控制主要包括两个方面，如表6-3所示：

表6-3 高职院校监督控制要点

监督控制领域	关键要素及措施
财务监督	（1）国家对学校管理层的经济活动监控； （2）从代理理论角度实施监督，防范自利行为； （3）实施预算编制与执行分离，监督与编制执行分离； （4）设立内控科室，制订年度监督计划，与纪检监察机关合作； （5）制定和完善财务监督规章制度； （6）加强财会队伍建设，实施岗位轮换和绩效考核，强化廉政教育。
会计监督	（1）遵循财经法律和法规； （2）创设适宜的监督环境，发挥教代会和校长的作用； （3）制定会计监督岗位职责，要求精确识别合规界限； （4）结合内部监督和外部监督，形成完整的监督体系。

1. 财务监督

财务监督作为一种基本的所有权监督形式，是确保财产所有者利益的重要机制，这种监督体现为国家（作为财产所有者和委托人）对学校管理层（包括党委书记、校长及其他管理者，作为代理人和受托人）的经济活动的监控和管理。从代理理论的视角来看，财务监督的目的在于约束代理人的行为，减少管理成本，防止风险，防范代理人可能的自利行为，如挪用或侵占资产。众多案例表明，在缺乏有效的财务监督的情况下，代理人可能出于个人利益，损害委托人即国家的经济利益。财务监督的措施主要包括三个方面：

（1）机制建设。财务部门内部需要实施预算编制与执行的分离，以及监督与编制执行的分离，以形成有效的内部控制体系，这意味着财务活动的不同阶段由不同的团队或个人负责，确保相互制衡和监督。财务部门还应设立专门的内部控制科室和岗位，负责监督和检查财务活动的合规性。

年度内部监督检查计划的制订是保障财务管理透明性和合规性的关键环节，这一计划应涵盖对财务收支活动中法律法规、政策和制度执行情况的定期和不定期审查。与此同时，财务部门应与学校纪检、监察部门紧密合作，共同监督和审计财务活动，确保问题的及时发现和处理。

对于审计中发现的问题和管理漏洞，财务部门应提出具体的改进措施和建议，对涉及问题的个人和事项进行严肃处理，并确保处理结果与责任人相匹配。

（2）制度建设。为确保高职院校财务监督的有效性，制度建设至关重要，需从根本上确保监督检查的常态化和标准化。首要任务是制定和完善一系列财务监督检查的规章制度，为内部监督检查提供坚实的制度基础，如具体明确内部监督的职责分配、工作流程、监督手段及考核评价方法，确保监督过程中的行为规范性和权责明晰性。还应加强对专门负责内部监督检查岗位的重视和支持，确保这些岗位能够高效运作。需要注意的是，内部监督应与外部监督并重，二者同样重要，共同构成了一套全面的财务监督体系。

（3）队伍建设。院校需要在财会队伍建设中贯彻"严格要求、严格管理、严格监督"的原则，包括实施岗位轮换和人员交流计划，以防止权力寻租和固化管理模式。还应建立和完善绩效考核制度，以提高管理效率和激发员工积极性。要加强廉政教育和纪律建设，确保全体财会人员都能够时刻保持警惕，维护良好的职业操守。

2. 会计监督

会计监督作为一种关键的财务管理手段，其核心在于通过一系列专业方法，如预测、决策、控制、分析和考评，确保财务活动符合既定标准，实现预设目标。

（1）会计监督应遵循财经法律和法规。会计工作往往涉及复杂的利益关系和多样化的财经事项，会计专业人员在执行监督职责时，常常面临来自不同利益方的指令和要求，在这种情境下，财经法律和法规不只是进行决策的基础，也是维护会计监督原则、保护会计人员合法权益的重要工具。这意味着会计人员必须具备对相关法律法规的深入理解和准确解读能力，确保所有会计决策和处理严格遵守法律框架，以符合政策要求和保护组织利益。实际经验表明，坚持依法监督和管理财务是确保会计工作准确、高效并符合法规要求的关键。

（2）会计监督必须构建适宜的监督环境。在高职教育机构中，构建这样一个环境需要几个关键步骤。第一，需要充分利用学校各级党组织的政治领导力，确保获得党组织的坚定支持。这有助于为会计监督工作提供必要的政治和组织保障。第二，应充分发挥教代会的监督作用，通过在年度教代会上进行的财务工作报告，实现全体教职工对财务活动的全面监督。第三，需强化校长作为行政领导的角色，支持和保障会计人员依法履行监督职责，根据《中华人民共和国会计法》，校长负有领导会计工作的责任，应该以身作则，积极支持会计人员依法执行监督任务。

（3）会计监督必须厘清岗位职责。会计监督不只是会计人员的法定责任，也是保障财务活动规范性和透明性的关键，所以，必须为会计监督工作指定专门岗位，明确其职责范围，并确保这些职责得到严格执行。鉴于经济活动的复杂性和多样性，会计监督岗位的职责变得更加全面且任务更加繁重，履职更具挑战性。会计监督岗位的职责要求工作人员既要全面了解并掌握财经法律、法规和制度，也需要具备敏锐、准确的判断能力和辨别真伪的技巧，特别重要的是，他们需要能够精确地识别财经活动中的合法性和合规性，确保会计处理的合理性和标准化，及时发现问题并提出有效的处理建议。

（4）会计监督必须内、外结合。会计监督的有效性和全面性在很大程度上依赖于内部和外部监督机制的有机结合，这种结合形成了一个完整的会计监督体系，对于维护高职院校的财经秩序至关重要。内部会计监督指的是高职院校内部的会计机构和专业人员根据学校领导的授权和内部控制制度进行的日常监督，这种监督行为主要是事中和事前的，专注于日常的财务活动和决策过程，确保财务工作符合学校的财务政策和程序。内部监督的效果直接影响到外部监督的效率和质量，是外部监督的重要基础和参考。

外部会计监督方面涵盖对高校会计活动和行为的全面审查，包含国家层面的司法和行政监督，以及社会层面的监督。国家监督通常是强制性的，聚焦于确保高职院校遵守相关法律和行政规定，而社会监督则更多体现为公正、公平的委托性监督，如独立的审计和公众的评价。外部监督具有较强的权威性，通常作为一种事后的执法行为，对内部监督提供进一步的验证和补充。从实践案例来看，内部会计监督和外部会计监督需要各自发挥其独特作用，相互补充和协调，以确保监督工作的全面性和深入性。只有将内部和外部监督紧密结合，才能有效解决会计监督中可能出现的问题，确保高职院校会计监督的质量和目标的实现。

第二节　高职院校财务风险评价体系设计

一、风险评价的内涵

风险评估涉及对各种风险发生的可能性和潜在损失的综合评估，考虑包括但不限于风险发生频率、损害程度因素。在评估中，评估者可以将识别的风险与行业或国际公认的安全标准进行对比，以确定风险的相对严重性。

二、风险评价指标体系的构建理论

在构建风险评价指标体系的理论框架时，构建者需综合考虑选取原则、指标范围和层次结构这三个关键方面，每个方面都对风险评价的准确性和实用性产生显著影响。

（一）选取原则

选取原则是指标体系构建的基石，构建者要坚持全面性原则和整体性原则，确保选取的指标能全面、细致地反映所评估对象的实际情况，提升评价的准确度。但是，在追求全面性的同时，也必须注意可操作性原则和简明性原则，以避免指标数量过多导致的数据收集和处理的复杂性增加。过多的指标可能导致重叠和相关性问题，故指标的选择应精练且具有针对性。

（二）指标范围

指标范围的确定应紧密围绕风险评价的具体目的，这意味着所选指标应与评价对象紧密相关，例如，在构建针对公立高职院校的财务风险评价指标体系时，应选择与高职院校财务运行状态密切相关的指标，确保这些指标能够有效地反映出高职院校的财务健康状况。这些指标应适用于公立高等教育机构的特殊环境和运作模式，进而确保评价结果的相关性和有效性。

（三）层次结构

层次结构的设计能够反映风险评价主体的不同属性，并决定着各要素在整体评价体系中的地位和作用。有效的层次结构应突出评估对象的关键要素，同时舍弃一些次要要素，如我国现行的财务风险评价指标体系主要包括短期偿债能力分析、长期偿债能力分析和盈利能力分析等方面。基于现金流量的评估方法也日益受到重视，特别是关注现金盈利值和现金增加值等关键指标。

三、常用的指标体系评价方法

（一）单变量判定模型

这种模型的基本假设是，一旦某所高职院校出现财务问题，这所高职院校的关键财务指标将与正常运营的高职院校存在显著差异，如资产收益率和资产负债率等单一变量，可以为高职院校的财务状况提供初步的评估，单变量判定方法由于操作简便，易于理解和应用，因而在早期财务风险识别中被广泛采用。

但是，随着高等教育环境的日益复杂化，单变量判定模型的局限性逐渐显现，由于它只关注单一财务指标，可能无法全面反映高职院校面临的多维度财务风险。仅依靠资产负债率评估财务风险可能会忽视其他重要因素，如流动性、盈利能力或现金流状况。在高等教育领域，学校的财务状况受多种因素影响，包括政府拨款、学费收入、捐赠收入及研究项目资金等，这些因素的复杂性和动态性使得单一指标难以全面反映实际风险。因此，尽管单变量判定模型在一定程度上有助于快速识别财务问题，但高职院校在进行财务风险评估时，应结合其他多元化的分析方法，以获得更全面、准确的风险评估结果。

（二）多元线性评价模型

多元线性评价模型在高职院校的财务风险评估中提供了一种更为复杂和全面的分析方法。不同于单变量判定模型仅关注单一财务指标，多元线性评价模型综合考虑了多个变量，以更全面地反映学校财务状况的多维度特征，这种模型的核心在于假设这些变量遵循多元正态分布，并且评估者能够通过分析这些变量的综合效应评估财务风险。在高职院校的应用中，多元线性评价模型可以包括各种财务指标，如资产负债率、流动比率、盈利能力指标、现金流量指标。通过综合这些不同的指标，模型能够提供一个更为全面和深入的财务风险评估，如它可以同时考虑学校的偿债能力、营运效率和盈利状况，进而更全面地理解学校的财务健康状况。

多元线性评价模型在应用时也面临一些挑战，特别是在如何处理变量之间的线性相关问题方面。在实际应用中，财务指标间可能存在高度的相关性，这可能导致模型的估计结果出现偏差。在使用多元线性评价模型时，高职院校需要仔细检查所选变量之间的相关性，并采取适当的统计方法，以解决潜在的多重共线性问题。

（三）综合评价法

综合评价法基于财务比率的标准值进行操作，涉及极大型、极小型及区间型的各类财务指标。在应用综合评价法时，每个财务指标都会根据其相对于标准值的偏离程度获得相应的分数，如资产负债率、流动比率、净资产收益率等指标，都有其理想的标准区间或值，高职院校财务状况评估就是基于这些指标与其标准值之间的差异进行打分。综合评价法的核心在于设定合适的标准评分值和比率，这一设定过程往往涉及较强的主观性，因为不同高职院校可能因其特定的运营模式、资金结构、收入来源等因素，而有不同的财务健康标准，故在实施综合评价法时，需要考虑学校的具体情况和行业背景，确保所设定的标准值既合理又具有代表性。尽管存在主观性，但长期的实践和应用可以使得评价结果越来越接近高职院校的真实财务状况。

（四）神经网络分析模型

神经网络分析模型在高职院校的财务风险评估中提供了一种先进且高效的分析工具，这种模型能够实现对高职院校财务风险的动态评价，通过模拟人脑神经元的工作方式，该模型自动学习和识别数据中的模式和关系，并进行预测和分类。神经网络模型通常由输入层、若干中间层（也称为隐藏层）和输出层构成，能够处理复杂的非线性关系，适用于分析大量的财务数据。

在高职院校的应用中，神经网络可以通过学习历史财务数据，例如，收入、支出、资产负债比率，识别潜在的财务风险模式。与传统的线性模型不同，神经网络分析模型无须事先设定固定的风险评估标准或公式，它通过自我学习的机制优化风险评估的准确性。但神经网络模型的实施在技术上要求较高，需要专业的知识和计算资源，模型构建和训练过程复杂，且结果的解释性不如传统统计方法直观。在我国高职院校环境下，虽然神经网络分析模型具有明显的优势，但对于该模型的应用仍然面临一定的限制，主要障碍是对数据处理和分析技能的要求，以及对计算资源的依赖。

（五）遗传算法

遗传算法作为一种常用的评价方法，其独特之处在于其设计思想源自对自然界中生物遗传特征和进化规律的深入研究。该算法通过模拟这些自然过程，在处理大规模信息空间中的概念搜索时表现出显著的随机性和高效性，它在解决多参数优化问题，特别是在金融财务领域的应用中显示出强大的适用性，例如，该模型在证券选择、预算分配、证券组合优化及信用评价等方面的应用。相比传统的基于财务利率的预警模型，遗传算法在结构上更加清晰和易于理解，能够有效地提取和处理定性变量。此外，遗传算法不受传统统计学中的约束性限制，它优化线性方程的能力超越了多变量判别分析，计算过程更加迅速且不受试验者的主观影响。虽然从准确性的角度来看，遗传算法可能不如某些传统方法，但遗传算法在财务风险评估中的应用为解决复杂问题提供了新的视角和方法，使得高职院校在处理财务风险时更加高效和精准。

（六）粗糙集方法

粗糙集方法作为一种有效的评价工具，已经得到了众多研究者的认可和应用。该方法的核心在于利用一组具有多种价值属性的变量，对多个对象进行系统性的描述和分析，进而揭示出特定关系，如财务特征与企业失败风险之间的联系。与其他方法相比，粗糙集方法的独特之处在于其能够深入挖掘数据中隐藏的事实，并将这些发现转化为一组以自然语言表达的决策规则，每个规则都由具体案例支持。这种方法还能够有效地结合定量变量和定性变量，对约束条件和模糊隶属度的评估无须依赖复杂的统计处理。

粗糙集方法在决策过程中的高效性体现在节省时间和成本方面，并且整个过程的透明度极高，它还充分考虑了决策者自身的理论知识水平，将之作为决策支持系统的一个重要组成部分。这种方法在实际应用中展现出高度的灵活性，受决策者的知识背景和样本差异性影响，因而由此方法产生的决策规则在不同情况下会有所不同，这意味着通过粗糙集方法获得的研究成果很难在不同的环境中通用，每个应用场景都需要根据其具体情况进行定制化的决策规则构建。

（七）基于案例推理的方法

基于案例推理的方法特别适用于处理复杂的决策环境。该方法的核心在于利用存储的案例数据库进行判别和预测，其中 K 近邻算法常被用作分类过程中的主要工具。该方法能够根据已有案例的模式和特点，对新出现的情况进行有效的判别和预测，故在财务预警的研究中被广泛应用。通过分析类似历史案例的处理方法和结果，基于案例推理的方法能够为新的财务风险情境提供参考和指导，在一定程度上提高风险预测的准确性。

为了增强财务预警模型的有效性和准确性，目前的研究趋势是将案例推理方法与其他人工智能技术相结合。常见的组合方法包括自组织网络与神经网络方法、粗糙集与数据挖掘方法、粗糙集与遗传算法、神经网络与粗糙集方法，以及模糊神经网络与粗糙集方法等。这些组合方法的目的是利用各种技术的优势，相互补充，以提升模型的整体预测精度和适应性。虽然目前尚难以判断这些组合方法的优劣，但探索如何有效地结合多种判别和预测技术，以构建支持多目标决策的系统模型，已成为该领域的研究热点和实践探索的重要方向。

四、基于现金流量的高职院校财务风险评价体系构建

（一）现金流量模型的构建

1. 现金流量表的编制原理

现金流量表在高职院校财务管理中起着至关重要的作用，它揭示着资金使用的合理度，而且帮助管理者识别和分析可能导致现金紧张的根本原因。在高职院校的各项活动中，包括日常运营、投资和筹资活动，现金流量表能够详细地反映各种资金活动的现金来源、使用情况和结余状况。这对于识别由于预算管理不善、资产购置或贷款引起的各类财务风险至关重要。此外，高职院校的投资和筹资活动应当与院校的长远规

划相一致，确保在日常运营中能够有效地利用资金。这一点在高职院校财务管理中尤为重要，尤其是在考虑到当前常见的拨款模式的时候，即"定额经费加专项经费"。

在编制现金流量表时，除了需要全面反映高职院校运营的现金流量状况，还应当具体区分日常经营中的基本运行资金和专项经费的现金流动情况，以便更精确地掌握各项资金的运用情况，确保收支平衡，提升高职院校在财务管理方面的效率和透明度。现金流量表的编制需要紧密结合现有的报表体系，包括资产负债表、收入支出表和银行贷款情况统计表，确保信息的连贯性和准确性。

2. 现金流量表的基本内容

现金流量表主要集中体现库存现金和银行存款这两种现金形式，它的主要目的是综合展示高职院校整体的现金流动状况，其中包括日常经营、投资和筹资活动产生的现金流。为了进一步深入解析日常运营活动的现金流构成，附表被用于展现基本运行和专项经费的现金结余情况。

主表在编制的过程中，主要基于资产负债表的数据。主表的主要组成部分包括三个关键领域：运营活动、投资活动和由筹资活动产生的现金净流量。这三个部分分别反映了高职院校在教学、科研和对外服务活动中的现金流动，以及在基础建设、固定资产购置、无形资产和对外投资活动中的现金变化，以及因新增借款和相关利息支出产生的现金流动。管理者通过将这三个领域的现金流量净增加额相加，可以得到高职院校的总现金流量净增加额，这一数字是评估高职院校财务健康状况的重要指标。

附表在编制上，则主要依托于收入支出表的数据。它将主表中的"本期运营收支结余"项目进一步细分，以反映高职院校运营活动的不同性质，这里，根据高职院校对资金安排的自主性，分为"非限定性现金流量"和"限定性现金流量"两个部分，分别对应基本运行和专项经费的现金结余。而管理者通过调整事业基金、专用基金等项目，可以进一步明确"本期运营收支结余"的具体数值。

3.现金流量表的模型架构

现金流量表的模型架构为高职院校提供了一个结构化的框架，以便于高职院校深入分析和理解其财务状况，特别是现金流动的各个方面。这个模型既揭示了高职院校的现金流量状况，还通过钩稽关系展现了不同财务活动之间的相互作用。在这个模型中，现金及现金等价物的净增加额等于运营活动、投资活动和筹资活动产生的现金净流量之和。具体而言，运营产生的现金净流量可以进一步分解为非限定性和限定性收支的净额，加上必要的调整项目，通过图6-1建立起现金流量模型的基本构架。[①]

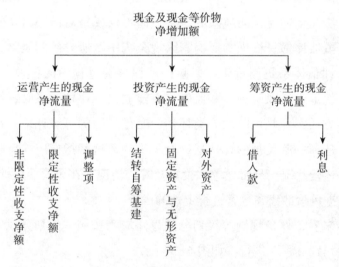

图6-1　现金流量模型示意图

在模型的第一层，可以观察到报告期内现金流量的净变化情况，如果该数值为正，表明高职院校在当年度的现金收支活动中有盈余，从而促使净资产增加；相反，如果这一数值为负，则意味着现金流出超过流入，导致净资产的减少。第二层则深入分析导致现金净增加额为正或负的各种因素。第三层进一步揭示了影响各类资金活动的具体因素，例如，在运营活动中，现金净流量的变化可以通过分析限定性和非限定性收支

---

① 徐峰：《现代高校财务管理的实施与监督》，东北师范大学出版社，2018，第182页。

的净额及其他调整项进行解释；在投资活动中，现金净流量的变化可以根据自筹基建、固定资产和无形资产投资及对外投资等方面进行分析；在筹资活动中，现金净流量的变化可以通过分析新增借款和需支付的利息等因素进行反映。

（二）财务风险评价规则的构建

1. 构建思路

财务风险评估在高职院校的财务管理中扮演着关键角色，其主要目的是迅速识别和揭示资金流动中潜在的风险，并加强对资金的监管。这种评估方法注重的是预防风险的产生，而不仅仅是对已经出现的风险进行补救。虽然评估过程中需要揭露因现金流中断所导致的风险，但本书所构建的评估体系更侧重于在风险逐渐积累的过程中的各种显著特征，以便更有效地进行风险预警和监管。在建立这一评估体系时，需要重点关注两个方面：一是风险的分类评估，二是风险的等级评估。在分类评估方面，选择一些关键的评估指标至关重要，这些指标应能反映高职院校的整体运营状况、日常业务、投资及筹资情况。在风险等级评估方面，则需要根据风险的潜在危害进行定性的区分。

总的来看，评价规则等级划分的思路应当按照"先划分风险，再经由阈值和判别过程"进行，如图6-2所示：

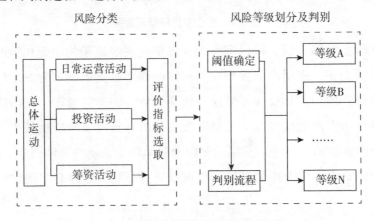

图6-2　风险评价体系的规则构建思路

在高职院校的财务风险评价体系中，首先需精准捕获和选择那些能够准确反映不同资金活动中风险水平的关键评估指标，这些指标旨在细化不同风险类别，为后续风险等级的判别提供依据。其次，在风险等级的划分和判别阶段，需要明确具体的风险阈值和评估步骤，以便对高职院校的风险状况做出准确评估。值得注意的是，高职院校在其发展过程中，所面临的财务风险具有明显的阶段性特征，这主要表现在不同发展阶段，管理者对各项资金活动中风险指标的关注焦点有所不同，而这些风险指标本身也显示出相应的阶段性变化。因此，这一评估体系中的风险指标需要能够灵活调整，以适应不同阶段的需求，尽管如此，风险指标的选择和风险等级的表示却保持一致性。本书在此基础上，简明扼要地阐述了构建风险分类以及风险等级划分和判别规则的过程，着重强调了整个风险评估体系中的核心原则和方法论。

2. 选取分类评价指标

应精心挑选分类评价指标，其需反映学校在日常运营、投资和筹资等方面的财务状况。对于整体运行风险的评估，关注的是学校是否能够保持收支平衡和资金的正常流转，这可以通过"期初现金余额加上本期运营收支结余"这一指标衡量，如果这一指标为正，说明学校的收支状况良好，资金流转正常；如果为负，则意味着学校可能面临现金流动性问题。此外，日常运营风险的评估则更加细致，由于不同学校在日常运营中资金的性质不尽相同，评估时应考虑到高职院校间的可比性，可采用"限定性收支净额""非限定性收支净额"以及"非限定性收支净额与本期运营收支结余的比值"这三个指标进行评估。

在投资风险方面，鉴于高职院校的日常经营收支结余通常用于基础设施建设支出，这一块的风险评估主要依据的是"投资和暂付款的现金净流量占本期运营收支结余的比重"，这个指标有助于判断学校在基础设施投资方面的资金分配是否合理。至于筹资风险的评估，鉴于贷款金额受多种因素影响且每年的偿还本金数额不固定，故本评价体系中未直接分析贷款额。但仍需密切关注利息支出与贷款总额的关系，以及利息支出对于日常运营收支的影响。故选择"利息支出占运营支出的比重"作为衡量筹资风险的关键指标，这有助于了解贷款利息对学校财务状况的影响，并评估学校日常运营收入的安排是否合理地考虑了这种刚性支出需求。

3. 设计风险等级

设计合理的风险等级方面可采用颜色编码的方式，将风险等级划分为四个层次：绿色、黄色、橙色和红色，每个等级根据风险的程度和特征进行区分。绿色等级代表着最低的风险水平，此时高职院校在财务管理上表现出较强的审慎性和风险应对能力，在这一等级下，高职院校的总体运营状况稳健，现金流转顺畅，无明显的财务压力。黄色等级则标志着风险的逐步积累，虽然整体运营尚能维持稳定，但已开始出现一定程度的资金紧张，在此等级中，学校能够支付日常支出和基建所需的贷款利息，但在将资金分配到其他管理活动时则显得吃力，有时需依靠额外贷款维持运营，此时，非限定性收支可能出现轻微赤字，但可通过限定性收支的结余进行弥补。橙色等级表明高校的财务风险已变得较为显著，此时学校为保持正常运营，不得不动用相当一部分沉淀资金，并可能需要申请银行贷款，以填补资金缺口，此时，财务负担主要来源于支付贷款利息，即为满足基建支出和其他管理活动而申请的贷款所产生的利息。尽管限定性收支可能仍有结余，但非限定性收支的赤字问题开始变得严重。红色等级则代表了最高的风险水平，此时高职院校的财务状况已严重恶化，难以保持收支平衡，现金流转困难，这一等级可能是由橙色等级进一步恶化演变而来，或由于资金运动中的某些严重问题直接导致，例如，在日常运营中出现巨大的非限定性收支赤字，或在投资活动中自筹基建支出极度膨胀，以及筹资活动中过度依赖贷款导致债务累积。通过这一颜色编码的风险等级系统，管理者能够准确地判断和评估高职院校在不同阶段的财务状况。这种等级划分既有助于明确每个等级下资金活动的特征，还便于理解和识别各种风险状态下可能出现的问题。

4. 确定划分等级的阈值及判别流程

要想确定划分等级的阈值及判别流程，应在理论上为每个风险等级设定适当的评价指标阈值，通常需要 3 个阈值，以区分上述的四种风险等级，这些阈值的选取基于科学的统计理论和方法，以确保评估的准确性和可靠性。在此基础上，风险等级的划分过程实际上是一个由整体到部分的诊断过程，即使高职院校在总体运营中未显露出明显风险，也不能简单地认定其在贷款、投资和运营等具体领域不存在风险。相反，如果在总体运营中发现了风险，这往往意味着高职院校在管理资金方面存在较大的风险。

为了有效地进行对于风险等级的判别，需要执行三个关键步骤。第一，进行初步诊断，以判断高职院校是否处于红色风险等级范围内，即检测其是否面临严重的总体运营风险。第二，需要对各类资金活动的风险进行诊断，将高职院校的财务状况与相应的评价指标阈值进行对比，进而分析各类风险的等级状况。第三，进行综合诊断，全面考量总体风险与各类具体风险的等级后果，以确定高职院校的整体风险状况。在这个过程中，总体风险等级以及各类风险中最高的等级将共同决定高职院校的整体财务风险水平。

5. 风险评价及原因诊断

高职院校的财务风险评价体系所确定的风险等级，既能具体反映某一特定时期内高职院校的财务状况，也能直观展示不同风险等级下高职院校的风险分布情况，进而揭示整体的风险水平。该方法有助于对高职院校财务风险进行有效的预警，而且也便于理解和识别风险的来源。通过分析日常运营、投资和筹资风险的不同组合（包括单一因素或多因素组合），可以有效地追溯并确定导致风险出现的具体原因，这样的诊断过程使得高职院校能够针对具体的资金活动制定更加精准和有针对性的管理策略。

第三节　高职院校财务内部控制风险预警体系构建

一、高职院校财务内部控制风险预警体系建立的原则

（一）体现高职院校财务风险的特点

区别于以营利为目标的企业，高职院校作为非营利性教育机构，其资金流主要用于支撑教学和科研活动，而非追求财务增值。这样的属性赋予了高职院校财务风险一些特殊的特点：例如，高职院校的筹资方式通常受到政策性的影响较大，开支上往往不以营利为目的，高职院校的服务或产品本质上是非商业性的，且资金周转缺乏自我再生的能力。所以，在制定高职院校财务风险预警体系时，不能简单地借鉴适用于企业的财务风险评估指标，相反，需要精心选择和设计那些能够准确反映高职院校财务特性和风险状况的特定评估指标，以确保风险预警体系的有效性和针对性。

（二）定量分析与定性分析相结合

这种结合方式认为，仅依靠数据驱动的定量分析或完全基于经验的定性分析均无法全面揭示高校财务风险的真实情况。定量分析通过使用数学模型和统计数据为风险评估提供客观的量化依据，而定性分析则侧重于利用分析人员的经验和他们对非量化因素的理解，揭示数据背后的深层次逻辑和潜在风险，这种相互补充的方法能够有效地结合定量与定性两者的优势，提供更加全面和深入的风险预警。通过综合考量量化指标和财务状况的背后含义，该方法能够捕捉到数字背后的复杂现实，还能够在分析人员处理复杂财务情境时提供更为灵活和透彻的视角。

（三）具有动态性特点

动态性主要体现在两个方面：第一，高职院校财务预警指标应该不仅具有对过去财务状况的评估能力，更重要的是要具备对未来潜在风险的预测功能，这意味着这些指标需要能够捕捉和分析时间维度上的变化，进而提供一种连续演变的财务风险画面。第二，随着外部环境的变迁和高职院校财务风险特征的演化，预警指标必须不断地进行调整和完善，包括对现有指标的修正以及根据新的风险情况补充新的指标，以确保预警系统保持其先进性和适应性。

（四）反映全局和系统的观念

在建立高职院校的财务内部控制风险预警体系时，关键在于采取一种全面和系统的方法，这不仅意味着建立一个能够进行风险预警的指标体系，而是涵盖一系列与风险预警相关的活动。在预警的前期阶段，重点在于精确确定评估指标，明确划分这些指标的安全和风险区间，并建立相应的数学模型以及信息传递机制。在预警的过程中，分析人员所应关注的是对收集到的数据进行深入分析，以及及时发现并发出预警信号。在预警之后的阶段，则是分析风险的根源，寻找问题的深层原因，并建立一个有效的追踪系统，以纠正错误和跟踪预警的效果。

二、高职院校财务内部控制风险预警体系的指标构成

（一）流动比率

流动比率 = 流动资产 / 流动负债 × 100%

在评估高职院校的短期偿债能力时，流动比率是一个关键指标，其高低直接反映了高职院校应对短期债务的能力。一般来说，一个介于 1

到 2 之间的流动比率被视为理想状态[①]，这意味着高职院校既能够满足其日常运营的资金需求，还具备足够的财务弹性，以应对到期的短期债务。但是，流动比率并非越高越好，一个过低的比率可能预示着院校面临偿还短期债务的困难，而一个过高的流动比率则可能指示着过多的流动资产被占用，这可能降低资金使用的效率并影响高职院校的盈利能力。

（二）资产负债率

资产负债率 = 负债总额 / 资产总额 ×100%

在财务分析中，资产负债率是衡量高职院校财务结构健康状况的关键指标。一个较低的资产负债率表明高职院校资产中较大一部分是由所有者资本构成，而非债权人资金，这意味着资产对债权人的保护程度较高，减少了债权人的风险。相反，较高的资产负债率则暗示着债权人权益可能占据更大比例，但也增加了债权人的潜在风险。在一般情况下，高职院校的资产负债率在 50% ～ 140% 的区间较为适合。[②]

（三）现实支付能力

现实支付能力 = 全年支出总额 /12

其中：

月均支出额 = 全年支出总额 /12

现实支付能力是衡量高职院校在特定时间内能够用现有货币资金维持正常运营的重要指标。具体来说，这一能力反映了高职院校持有的现金及其等价物是否足以应对日常开支，以及高职院校在负债到期时是否能够顺利偿还债务。高水平的现实支付能力意味着高职院校在财务上拥有较强的安全垫，即使面临突发经济压力，也能保持运营不受影响，并确保债务得到按时偿还。

---

① 陈健美：《加强监督提高效益 我国高校财务管理的改革与创新研究》，沈阳出版社，2019，第 199 页。

② 李强：《高校财务管理与发展新探》，电子科学技术大学出版社，2021，第 177 页。

（四）经费自给比率

经费自给比率 = 自筹收入 /（事业支出 + 经营支出）

经费自给比率数值的大小直接体现了高职院校自主财政能力的强弱。该指标越高，表示高职院校在运用内部资源以及自主生成经费方面表现愈加出色，这通常与较高的管理绩效密切相关。相反，较低的经费自给比率则可能反映出高职院校在资源利用和财务管理上存在不足，指向管理效能的提升空间。

（五）净资产增长率

净资产增长率 =（期末净资产 – 期初净资产）/ 期初净资产

净资产增长率反映了高职院校资产的增长速度和潜力。较高的净资产增长率通常意味着高职院校具有较强的发展动力和稳健的财务状况，面临较低的财务风险。相反，如果净资产增长率较低，可能表明高职院校在资产积累和扩张方面的潜力受限，财务风险较高。

（六）货币资金净额增长率

货币资金净额增长率 =（期末货币资金净额增长率 – 期初货币资金净额增长率）/ 期初货币资金净额增长率

货币资金净额增长率在衡量高职院校的流动资产和财务健康状况方面发挥着关键作用，这一比率的提升通常表示高职院校在管理其货币资金方面表现出色，拥有较强的发展潜力，并且能有效降低财务运作中的风险。换言之，较高的货币资金净额增长率通常与较低的财务风险和较强的经济增长潜力相关。相对地，若该比率较低，则可能意味着高校在货币资金管理上存在挑战，发展潜力受限，财务风险相对较高。

对于高职院校的财务管理来说，上述这些指标既能反映出高职院校的财务状况，还有助于发现潜在的风险点。而对于政府部门的宏观财务管理而言，这些指标的数据通常来源于高职院校的对外报表，易于获取且具有可比性。因此，这些统一标准的数据既便于各高职院校之间进行比较分析，也为政府部门提供了有效的监管工具，有助于实现高职院校财务的健康和可持续发展。

三、高职院校财务内部控制风险预警体系构建要点

（一）风险指标体系的建立

关于风险指标，在上一点已经进行逐一介绍，这些指标的设置有助于进行定期监测和分析，对高职院校财务内部控制有着很大的帮助。

（二）信息技术的应用

信息技术在高职院校财务风险预警体系中的应用，为风险管理带来了革命性的变化。数据挖掘技术在处理和分析大量财务数据方面发挥着关键作用。通过高级算法和模型，数据挖掘可以识别出隐藏在庞大数据集中的模式和趋势，从而揭示潜在的风险点。这种深度分析能够帮助高职院校在风险发生之前就采取预防措施，避免或减轻潜在的损失。数据挖掘技术还可以用于监测和分析学校的财务表现，帮助管理层做出更为精准和有效的决策。人工智能技术，特别是机器学习算法，在风险预测和决策支持方面发挥着越来越重要的作用，机器学习算法能够通过对历史数据的分析学习，预测未来可能出现的风险趋势，这种预测能力使得高职院校能够提前准备应对策略，从而有效管理潜在风险。而云计算技术提供了必要的基础设施支持，它通过强大的计算和存储能力，使得大规模数据的实时处理和分析成为可能。

（三）风险控制和管理措施

根据风险预警结果，制定相应的风险控制和管理措施。首先，改善内部控制体系是基础，它涉及确保财务报告的准确性、防止滥用资金和提高运作效率，这可能包括建立更为严格的财务审核流程、实施有效的

内部审计制度及加强监督机制。其次，优化资金管理意味着更好地控制现金流和资产配置，确保资金的有效利用和流动性，减少无效和冗余的支出。再次，加强债务管理，即通过合理的债务结构和偿债策略降低财务成本和风险。最后，改进预算编制过程，如更为精确和合理的预算制定，以及对于预算执行的监控和调整。

（四）反馈机制的建立

管理者需要在预警体系中设置有效的反馈机制，以确保对于风险控制措施的及时调整和持续改进。这个机制涉及对现有风险管理政策和程序的定期复审，以评估它们的有效性和适用性，在这一过程中，收集和分析相关数据、反馈和经验教训至关重要。根据收集到的信息，高职院校需要对风险控制措施进行必要的调整，以应对内外部环境的变化，如新出现的财务风险、监管政策的更新或市场状况的变化。反馈机制还应包括与各相关部门和利益相关者的交流，以确保信息的全面性和多样性。定期的培训和教育也是反馈机制的重要组成部分，以提升员工对风险管理的认识和技能水平。

（五）法规遵从性和伦理标准

在高职院校的财务风险预警体系中，法规遵从性和对于伦理标准的维护至关重要，所有的财务操作和风险管理措施必须严格遵循国家和地区的法律法规，以及行业内的标准规范。①对财务报告的准确性和透明性有明确的要求，确保所有财务数据的真实性和完整性。②院校需要确保其资金运作、投资决策和债务管理等活动遵循法律规定，避免任何形式的不当行为，如欺诈、挪用资金或内部人控制。③应当建立严格的伦理准则，以指导员工的行为，确保员工在执行职责时坚持诚信和公正的原则。通过维护高标准的法规遵从性和伦理行为，高职院校能够避免潜在的法律风险和经济损失，还能够在社会上树立良好的声誉和信誉。这种正面形象对于提升学校的吸引力、增强各方利益相关者的信任及在激烈的教育市场中保持竞争力至关重要。

第七章 高职院校成本管理的内部控制

第一节 高职院校成本管理概述

一、高职院校教育成本的分类

高职院校教育成本主要分为五大类，如图 7-1 所示。

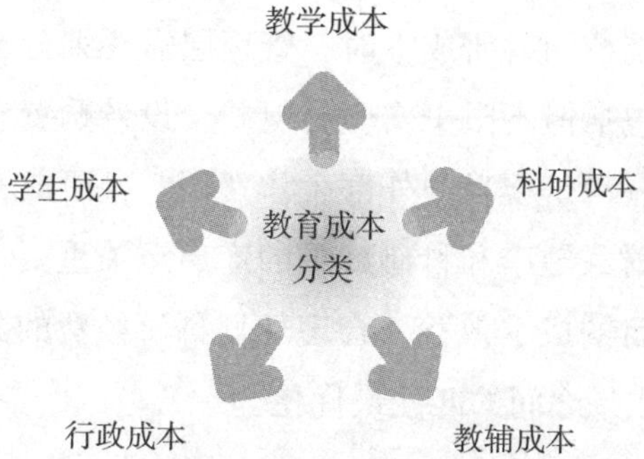

图 7-1 高职院校教育成本的分类

（一）教学成本

在高职教育机构中，教学成本的概念涵盖院校在教育服务过程中所有与教学活动直接相关的支出，这一支出反映了高职院校在教育服务提供过程中的资源投入和教学活动的运行成本。值得注意的是，教学成本仅限于正规学历教育活动，不包括诸如继续教育或其他非学历教育形式的开支。对教学成本的分析，可以有效评估高职院校在提供教育服务方面的财务表现，包括教师工资、教学材料和设备的成本，以及维持教学环境所需的各种支出。教学成本的管理和优化对于高职院校来说至关重要，它直接关系到教育质量和效率。通过精细化管理教学成本，高职院校可以更有效地利用资源，提高教学质量，确保财务的可持续性。

（二）科研成本

科研成本是一个涵盖广泛且复杂的概念，它包括各类科研项目的支出。这些科研活动可能包括专门为提升教学质量而展开的研究，这类科研往往需要院校自行筹集资金。还有一些科研项目是以技术转让或咨询为目的的，如科技产品的开发和研制，这些通常是面向市场和特定客户的商业化项目。此外，高职院校还承担着国家和省部级的重大科研项目，这些项目通常拥有明确的研究目标和资金来源。还有一些科研活动可能是针对特定单位或行业问题而展开的定制化研究。

在确定高职院校的科研成本时，管理层需要细分和考量不同类型科研活动的支出，包括但不限于实验材料费、设备购置和维护费、研究人员的工资及津贴、科研项目的外部合作费用。科研成本的有效管理对于高职院校的整体财务健康和科研成果的产出至关重要。高职院校需精准评估各类科研项目的成本效益，合理规划科研经费的分配和使用，确保科研投入与预期成果之间的匹配最优化。

（三）教辅成本

教辅成本涉及高职教育机构中提供教学支持和辅助服务的部门的运营支出，这些部门包括网络中心、图书馆、电教中心等，它们在维持教学活动和提升教育质量方面发挥着关键作用。具体的教辅成本可能包括网络维护费、图书和资料购置费、多媒体教学设备的购置和维修费用等。

（四）行政成本

办公设备的购置和维护、行政人员的薪酬、办公室租赁和维护、通信和邮寄费用等都属于行政成本。虽然行政成本可能不直接关联到教学或研究活动，但它们对于保障学校整体运营的顺畅和效率至关重要，这些成本确保了学校行政管理的高效性和有序性，支持了学术和学生服务的运作。因此，虽然行政成本在成本核算中与直接教育活动相对独立，但它们是构成高职教育机构整体教育成本的关键组成部分。

（五）学生成本

学生成本主要指高职院校向学生提供的各种经济支持，如助学金、奖学金。在当前的教育成本核算中，关于学生成本的界定存在两种主要观点：一种观点认为，这些经济支持属于转移支付，主要用于减轻学生的经济负担，而不应计入教育成本；另一种观点则认为，这些经济资助是基于学生的优良品质而提供的，是教育过程中必要的投入，因此应视为教育成本的一部分。本书倾向于后者，认为对于学生的经济资助是高职院校用于培养学生优秀品质的必要投入，应计入教育成本。这种资助既体现了高职院校对学生个人的关怀，也是高职院校实现其教育使命的一部分。从这个角度看，学生成本是高职院校教育资源投入的重要组成部分，它反映了高职院校对优秀学生的奖励和对经济困难学生的支持，有利于促进教育公平和学生的全面发展。

在高职院校的成本核算中，教育成本的计算与工业制造业的产品成本核算存在明显差异。在高职教育领域，成本核算的重点不在于盈利，而在于衡量教育投入的有效性和效率，所以，成本核算既涉及教育活动产生的直接费用，也包括与教育质量和学生福祉直接相关的间接费用，这就要求在进行教育成本核算时，既要考虑直接的教学、科研成本，还要充分考虑学生支持服务、设施维护等方面的费用，以全面反映高职院校在教育服务上的投入和成本。

二、高职院校教育成本项目的设置

在高职院校教育成本项目的设置中，依照教育成本的支出，主要分为以下五项：

（一）人员经费成本

这部分成本主要包括高职院校支付给教职员工的各类工资，如基本工资、补贴及职工福利。这些支出直接关系到教职员工的生活福利和工作积极性，是高职院校运行中不可或缺的一部分。

（二）公用经费成本

这一成本涉及高职院校日常运营和管理过程中的各种费用，如水电费、办公费、取暖费、印刷费及体育用品购置费。这些支出确保了高职院校的基本运作需求得到满足，为提供高质量的教育服务提供了必要的物质支持。

（三）资本性成本

主要指固定资产的折旧费用。固定资产的折旧是一种对资产价值随时间减少的系统分摊，这对于理解高职院校资产的价值和使用状况具有重要意义。折旧费用的计算不考虑资产的净残值，而是基于资产的原始成本。

（四）对个人和家庭的补助成本

包括高职院校向个人发放的生活补助、住房补贴、医疗费、助学金等。这些支出反映了高职院校对员工和学生福利的投入，是高职院校履行社会责任和促进教育公平的重要体现。

（五）其他成本

除了上述明确的成本类别之外，高职院校还承担着一些其他相关成本，如养老保险费用、隐性支出。这些费用虽然不像前述成本那样直接与教育服务相关，但它们是维持高职院校正常运作和发展的必要组成部分。

第二节 高职院校成本控制对策

一、高职教育成本控制的含义

在高等职业教育领域，成本控制是一项关键的管理活动，它涉及对教育资源和资金的有效管理。具体来说，成本控制是指高职院校的管理层以预算作为主要工具，对教育成本进行规划和调整，以确保教育活动在有效的财务框架内顺利进行。这种控制手段既保护了学生的经济利益，而且确保了教学、管理和科研等活动的有效性。良好的成本控制能够使有限的资源发挥最大化的效能，提高资金的使用效率，进一步促进高职院校的整体教育质量和管理水平。相反，若成本控制执行不力，则可能导致资源浪费和效率低下，影响高等职业教育的健康和有序发展。

二、高职教育成本控制的内容

（一）事前成本控制

事前成本控制主要侧重于在教育活动开展前，通过科学的方法和手段制订合理的成本计划。这种控制方式以成本预算为核心，依托于对未来成本的精准预测和预期办学目标。在制订成本计划时，高职院校需综合考虑其办学理念、目标、历史数据及实际运作情况，对人力、物力、财力的需求进行全面评估和优化配置。该过程涉及对成本的预测分析，以及对教育项目成本的细致规划和预算制定，以确保资源的合理分配和有效利用。通过事前成本控制，高职院校能够在活动实施前明确成本预期，防止资源浪费。

（二）事中成本控制

事中成本控制的目的是确保教育活动在各个阶段均能有效地实施成本管理。此控制方式主要通过以下几种方法实现：①实行计划分解，这涉及将总体成本控制目标细化至各部门、岗位，甚至细化说明具体时间段和活动环节，使得每个参与者都能清晰地理解成本控制的重要性及成本控制与个人利益的关联。②加强报表分析，如定期制作日报、月报或旬报，通过这些报表对成本使用情况进行实时监控和分析。③定期进行例行检查，以确保成本控制措施得到有效执行。④强化日常信息交流，促进部门间的沟通与协作，确保成本控制信息的及时传递和反馈。

（三）事后成本控制

事后成本控制在高职院校的财务管理中起着关键的修正和调整作用，这种控制是在活动或项目完成后进行的，主要通过成本分析法实现。首先，事后成本控制涉及对财务报表的详细评价和分析，以及对其他渠道信息的考核。通过定期或针对特定项目的深入分析，管理者可以发现问题、总结经验教训，进而探究问题的根本原因并提出相应的解决策略和建议。其次，事后成本控制侧重于根据已出现的偏差采取相应措施，这些措施主要分为两类：一是通过改变预定目标调整和控制偏差；二是通过增加或优化资源投入（如质量、标准、数量），强化对人力、财力、物力和信息的控制，以满足成本控制的目标需求。

三、高职教育成本控制的原则

（一）重视人才培养质量

高职院校的核心使命是通过教育培养合格的人才，因此，在采取成本控制措施时，必须确保这不会以牺牲教育质量为代价。高职院校需要在保持教学和研究质量的前提下，优化资源分配，减少不必要的行政开支和额外费用。这要求高职院校管理层对现有的资金流向进行仔细审查，确保每一笔支出都能有效地促进学生的学术和职业发展。通过这种方式，高职院校可以在控制成本的同时，维持甚至提升自身教育服务的质量，保证高职教育的良性循环，并为社会培养出更多高质量的人才。

（二）全面成本管理

实施全面成本管理既是高职院校管理层的责任，也需要各个部门和所有员工的共同参与。全面成本管理的核心在于培养全体师生的成本意识，使他们了解和重视如何在教育和研究活动中实现成本效益最大化。这种管理模式要求高职院校建立分层次、多部门协同的管理结构，其中每个部门都有明确的成本控制责任和任务。通过这种方式，高职院校可以更加有效地监控成本，减少不必要的支出，并确保资金在关键领域（如教学质量提升、学术研究和基础设施建设方面）得到有效利用。

（三）效益最优化

虽然高职院校作为教育机构，不以营利为主要目的，但在资金运用和管理上仍需追求经济效益的最大化，这是因为只有在经济效益得到合理管理和优化的基础上，高职院校才能充分发挥其社会效益，如提供高质量的教育服务、进行有价值的科研活动，以及更好地满足社会需求。所以，高职院校在成本控制过程中，应注重投资的经济效益，以保证自身教学和研究活动的质量和可持续性。最终，通过实现经济效益的合理提升，高职院校可以更有效地实现其社会使命，提升整体社会效益。

（四）例外管理

例外管理意味着在管理过程中重点关注那些非常规或异常的情况，以实现更为高效和有针对性的成本控制。一方面，例外管理涉及成本消耗与预算之间的偏差，在例外管理中，只有当实际成本消耗与预算存在显著偏差时，管理层才需要进行深入分析和调整。这种方法可以使管理层避免过度关注日常小额差异，从而专注于解决可能对整体财务状况产生重大影响的问题。另一方面，例外管理也涉及特殊项目的支出，如必要的教学仪器购置、引进优秀教师、新学科的筹建及高职院校面临的特殊财务挑战（如学费问题和贷款偿还）。在这些情况下，例外管理允许在预算规划外的情况下进行必要的支出，并确保这些支出与学校的长期发展目标和教学质量保持一致。

四、高职教育成本控制的考评及分析

（一）教育成本控制绩效的考核与评估

在高职教育机构的成本考核过程中，模糊综合评估法是一种有效的解决方案，尤其因为高职院校教育成本考核的目标不仅仅是成本控制，而更重要的是提高教育效益。这种方法在处理数据时结合了定量指标和定性指标，能更全面地评估教育成本的绩效。

模糊综合评估法的实施需要建立一个由专家和群体成员组成的评估小组，以确保评估过程既有专业性也有群众性，这个小组负责建立一个综合的指标体系，该体系包含教育成本控制的各个方面，如经济效益、教学质量、学生满意度。与此同时，这些指标的权重分配也由专家组根据各指标的重要性和影响力进行确定，这一步骤尤为关键，因为不同指标的重要性在整体评估过程中的作用不同。在具体的评估操作中，专家组从指标体系最基本的层次开始，对各项指标进行模糊评估，通过聚集各层次的评估结果，形成综合的模糊评估值。此方法考虑了成本控制的多个方面，并且能够在定性和定量的分析中找到平衡，提供更为全面和准确的评估结果。这种评估不仅关注成本的降低，更重视教育的整体效益，包括学生的学习成果和教学质量的提升。

（二）高职院校办学效益分析

1. 基于 DEA 的高职院校绩效评价

数据包络分析（Data Envelopment Analysis，DEA）作为一种高效的绩效评估工具，在高职院校的绩效评价中扮演着重要的角色。DEA 的核心在于通过分析投入与产出的关系，评估决策单位（如高职院校）的效率。在应用 DEA 进行高职院校绩效评价时，学者需要注意几个关键点，以确保评价的准确性和有效性：

第一，DEA 模型有多种类型，其中包括 BCC 模型和 CCR 模型。这些模型在高职院校的应用由来已久，用于分析院校的资源投入和教育产出，并据此判断高职院校的办学效益。然而，在实际应用中，一些学者设置了过多的评价指标而未充分考虑到评价单元的数量，导致评价结果的准确性受到影响。理想的 DEA 模型应该平衡指标数量和评价单元的比例，以确保评价结果的科学性和客观性。

第二，DEA 模型根据导向的不同，分为投入导向型和产出导向型两种，每种模型都有其独特的应用场景和效果。但一些研究者在应用 DEA 模型时未能充分理解模型导向的选择问题，仅依赖投入导向模型进行计算，而忽略了对实际情况的考量，这会导致评价结果的偏差。在实际应用中，研究者应根据高职院校的具体情况和评价目标选择适合的模型导向。此外，DEA 超效率模型的引入，为在 DEA 模型中不能有效区分的单元提供了更加细致的效率评估，弥补了传统 DEA 模型的不足。

2. 基于标杆管理的高职院校绩效评价

标杆管理已被广泛应用于各行各业，包括高职院校的绩效评价中。该方法起源于 1979 年的美国施乐公司，经过多年的发展和完善，已形成一套成熟的理论体系。标杆管理的核心思想是通过将组织的管理流程与全球领先的同类机构进行比较，进而发现自身的不足和潜在的改进空间。

在高职院校中，标杆管理的应用主要体现在与世界顶尖学府的比较和学习中。高职院校通过标杆管理，可以对照世界先进院校的教学、科研、管理等多个方面，找出自身的差距和不足。这种比较不局限于硬件设施和财务数据，更重要的是涉及教学方法、课程设置、科研创新、教育理念等软实力方面。通过这种持续的评估和比较，高职院校能够明确自身发展的方向和目标，吸收和借鉴先进经验，不断优化和改进自身的管理和教学流程。标杆管理因其全面性和持续性，在帮助高职院校进行自我完善和提升方面发挥着重要作用。

3.基于360°绩效反馈评估法的高职院校绩效评价

360°绩效反馈评估法的核心思想是通过从多个角度收集绩效信息，达到全面、客观评价的目的。在高职院校的应用中，这种评估方式涵盖对教师和工作人员的全方位绩效评价，包括来自上级、同级、下级甚至外部相关方的反馈。具体操作中，高职院校需要首先确定评估的主体和客体，以及评估的具体内容和标准，这些内容通常包括教学质量、科研成果、管理能力、团队合作、学生满意度等多个维度。随后，通过问卷调查、面谈、观察等方式收集来自不同层面的反馈信息，如上级领导对教师的管理和领导能力的评价、同事之间对工作态度和专业技能的互评、学生对教学质量的评价。所有这些信息汇总后，将形成一份立体、多角度的绩效反馈报告，为高职院校提供有关其人员绩效的全面见解。

五、高职院校成本控制策略

（一）控制环境

高职院校成本控制的首要策略之一是建立和维护一个有效的控制环境，这意味着创造一种文化氛围和组织结构，能够促进成本意识并支持成本管理的各项措施。控制环境的核心在于高职教育领导层对成本控制重要性的认识和支持，以及通过制度和政策将这种认识渗透到学校的各个层面。控制环境的建立需要明确成本管理的目标和责任，确保所有教职员工都明白节约资源、优化开支的重要性。此外，培养一种成本意识强的校园文化也是控制环境的关键，高职院校应鼓励创新和高效的资源使用方法，并通过各种渠道，如培训、会议和内部沟通，不断强化成本意识这一理念。良好的控制环境为高职院校提供了成本控制的基础，确保了成本控制策略能够有效实施并取得预期效果。

（二）事业活动和控制

在事业活动的成本预算方面，高职院校需要制订详细且实际的成本预算计划，这些计划应覆盖院校的主要事业活动，包括教学和科研。成本预算应基于各个活动中心的需求和资源消耗情况制定，以保证资源的合理分配和使用。高职院校应定期审查预算执行情况，确保各项事业活动的开展与预算计划保持一致，避免不必要的资源浪费。此外，高职教育机构还应在预算制定中考虑长远发展目标和战略，确保预算既现实又具有前瞻性。

在事业活动的支出管理方面，高职院校应实施严格的支出管理和控制机制，包括对所有教育和科研活动中产生的支出进行详细记录和监控。院校应建立一套完善的支出审批流程，确保每一笔支出都有合理的用途和充分的理由。院校还应定期对支出情况进行分析，识别成本超支的领域并采取措施加以纠正。

（三）信息沟通和监控

良好的信息沟通机制能够确保成本控制相关的信息能迅速、准确地在院校内部流转，包括成本数据、预算执行情况、财务政策变动等关键信息。通过建立一个透明、高效的信息共享平台，高职教育可以确保所有相关部门和个人及时获取必要的信息，进一步在成本控制过程中作出更为明智和合理的决策。强化信息监控系统，如定期的财务报告审查、成本分析，则可以帮助院校领导和管理者及时发现成本控制中的问题，以便采取必要的调整措施。

（四）财务共享平台

高职院校财务共享平台的实施，代表了财务管理现代化的重要一步。这一平台融合了最新的政府会计制度指导思想，致力将高职院校的财务核算过程全面电子化，简化传统的烦琐记账流程。通过这种全新的操作模式，教职工不再需要进行繁杂的票据预处理和等待财务人员的审核签字。[①] 财务共享平台将高职院校的各个财务子系统有效串联，为高职院校的日常运营提供了精准的预测、严格的控制及全面的评价信息。这样的集成化管理提高了财务处理的效率，也在成本控制方面发挥了显著作用。高职院校通过利用这个平台可以更加灵活和迅速地响应财务变动，优化资源配置，并对未来的发展方向作出更加科学合理的预测和规划。

第三节　作业成本法在高职院校成本核算中的应用

一、作业成本法概述

作业成本法是一种更为精确的成本核算方法，它在现代生产和服务过程中的应用日益广泛，这种方法的核心在于对产品或服务在生产或提供过程中消耗的资源进行详细的追踪和累积。基于受益原则，作业成本法通过确定成本动因（即成本发生的原因），能够更加准确地将各项作业的成本分配到具体的产品或服务上。该方法的优势在于能够为管理层提供更为真实和细致的成本信息，帮助企业在作业管理和资源利用方面作出更为有效的决策。

传统的成本分配方法，如直接劳工小时、机器工时或直接劳工成本

---

① 李强：《高校财务管理与发展新探》，电子科学技术大学出版社，2021，第91页。

等，曾经在简单的工艺流程和单一的市场环境下得到广泛应用。这些方法在当时是有效的，因为间接制造费用占比较低，市场对产品的个性化要求不高，产品结构相似、品种单一。然而，随着技术的飞速发展和生产自动化的推广，管理模式也逐渐向生产自动化和全面质量管理转变，在这样的背景下，传统的成本计算方法已不能满足企业对成本信息的复杂需求。高科技的发展带来了产品多样化和个性化的趋势，这要求成本核算方法必须能够准确反映各种复杂生产活动的成本消耗。

随着市场需求的日益多元化和个性化，产品的多样性和个性化需求对生产工艺提出了新的挑战。不同的产品工艺意味着操作程序的差异化，以及在生产流程中的不同流动路径，这些差异导致作业需求量的变化，进而影响产品生产的具体方式。由此，成本分配的基础变得更加复杂，不同的作业成本与产品间的关系也随之发生变化，市场对产品的多样化和个性化需求既要求生产流程的灵活性，还要求产出的高效率和高质量。在这种背景下，生产过程中的自动化和计算机技术的应用成为常态，高职院校广泛采用计算机辅助设计（CAD）、计算机辅助制造（CAM）等高新技术，这些技术不仅提高了生产效率，还使得企业能够迅速响应市场变化，生产出多规格、多品种且高质量的产品。随着现代科技的发展，直接制造费用特别是直接人工成本降低，间接制造费用在总成本中占比增加，这对制造费用的分配方式产生了重大影响。另外，工艺流程的复杂化和作业链的交织使得传统的成本分配方法难以精确反映成本与产品之间的真实关系，有时甚至导致成本计算结果的歧义。

因此，在现代市场和生产环境下，传统的成本分配方法已不再适用，无法满足管理层对成本信息的需求。作业成本法通过将成本与作业紧密结合，准确把握作业与成本间的关联，根据作业的具体情况分配成本，能够更精确地反映产品的实际成本，为企业提供更有效的成本控制和决策支持。

二、作业成本法的主要流程

作业成本核算是一种精细化的成本管理方法，其运行过程主要包括以下六个关键步骤：

第一，需要识别和计算企业在生产和经营过程中使用的各类资源及其对应的成本。这包括将成本区分为直接和间接两大类，并计算产品制造过程中消耗的所有直接和间接成本总额。

第二，对间接成本进行逐步分摊。这涉及作业的分类，即根据成本动因将具有相似成本变动特征的作业归纳至不同的作业中心。接着，根据资源消耗量，将间接成本按照各自的资源动因分配到相应的作业中心。

第三，对作业动因进行详细划分，并确定每个作业动因的数量。基于作业中心分摊的资源量，计算成本分配率，这一步的公式为：成本分摊率＝某作业中心的制造费用总额／成本动因数量。

第四，按照计算出的成本分摊率，将作业中心的资源数量分摊到各个成本对象上。这一步的计算公式为：某成本对象应分配的资源量＝成本分摊率 × 该成本对象所消耗的成本动因数量。

第五，计算各成本对象承担的间接成本。将各成本对象从所有成本库中分摊得到的间接成本总和除以该成本对象的产量，得出单位成本对象承担的间接成本。

第六，计算单位成本对象的总成本。将每个成本对象的间接成本与直接成本相加，从而得出单位成本对象的总成本。

三、作业成本法应用于教育成本核算的必要性

随着社会经济的进步和人们对教育价值认识的深化，人们对于高职院校的管理和组织的看法也日益成熟。当前，我国高职院校肩负的主要任务是培养具有高素质的人才，致力提升学生的综合素质，以满足国家建设和社会发展的需要。但是，从现有的高职院校教育成本核算情况来看，存在一些问题，这些问题包括会计信息的不精确性和会计信息与实

际资源分摊情况的不一致。提高财务信息质量，是提升高职院校管理水平的关键，也是确保高职院校财务管理可持续健康发展的重要基础。

作业成本法以其先进性和科学性，在企业成本核算中已显示出巨大的优势。这种方法在应用于高职院校教育成本领域时，同样显示出极大的潜力。作业成本法能帮助高职院校在保障社会效益的同时，实现经济效益与社会效益的有机结合。这有助于高职院校在更高层面上持续健康地发展，还能为决策者提供更准确的财务信息，作为决策依据。所以，当前高职院校教育成本核算的问题客观上要求改革核算方式，而采用作业成本法所带来的种种优势，也清楚地表明了高职院校应用这一方法的必要性。

（一）更加准确地提供各项成本信息

采用作业成本法，高职院校能够有效改进其成本核算流程，特别是能够更为出色地处理间接成本。此方法通过细致地追踪和分配教育资源的使用情况，使成本归集更为精准，能够提供更为可靠的财务数据。这既有助于高职院校更好地理解和管理其资源消耗，还能显著提高财务信息的透明度和准确性。

（二）提高高职院校内部管理水平

作业成本法使管理者能够基于更准确的成本信息进行决策，实现对于资源的高效利用和管理的优化。并且作业成本法的应用还推动了管理思维的转变，引导高职院校从作业中心和作业链的角度划分责任和管理单元，这既促进了高职院校内部的科学合理管理，还为教学管理提供了新的视角和方法。通过明确各部门、各环节的责任和目标，高职院校能够更有效地监控和评估各项教育活动的绩效，进一步推动教育质量的提升和教育领域改革的深化。

（三）便于社会各界对高职教育事业的管理和监督

采用作业成本法优化高职院校的成本核算，能够为社会各界提供更加透明和详尽的财务信息，进而增强社会各界对高职院校教育事业管理和监督的有效性。这种方法既能使政府相关部门、高职院校的管理层、债权人，以及学生及其家长等主要利益相关者更准确地了解高职院校的资源管理状况，还能提供有力的数据支撑，以便于他们在教育投入、资源分配和政策制定等方面作出更明智的决策。通过提供更精准的成本信息，作业成本法加强了高职院校的内部管理，并助力于建立外部监督机制，保障对于教育资源的合理利用和有效监管，从而，在社会层面上促进了教育事业的持续发展，提升了教育的社会效益和经济效益，为国家的长期繁荣提供了人才保障和智力支持。[①]

四、作业成本法应用于高职教育成本核算的流程设计

（一）确定资源和资源动因

1. 确定高职院校消耗的资源

在实施作业成本法的过程中，高职院校首先需要精确识别和计量教育活动中消耗的各类资源，包括直观的人力、物力和财力资源，还涉及更为细化的资源类别，如教学设施使用、实验材料消耗。对于这些资源数据的获取过程并非一蹴而就，而是需要从院校现有的财务数据中提取，结合实际情况进行必要的调整和重新计算。由于现行会计核算体系和原则的局限性，部分重要数据可能不会直接反映在常规财务报表中，故高职院校需要通过数据整合和重组，构建一个更加细致和全面的资源消耗数据库。这个过程不是单纯的数据收集，而是对现有教育成本核算体系的深度优化和重构，通过这种方法，高职院校可以更准确地捕捉到每一

---

① 王京姝：《作业成本法在我国高校教育成本核算中的应用研究》，硕士学位论文，山东财经大学会计专业，2014，第27页。

项资源在教育活动中的具体应用，为作业成本法提供了坚实的数据基础，使成本分配更加科学、合理。

通常，收集高职院校消耗的资源资料的方法主要有以下几个步骤：

第一步是从财务账户提取资源消耗信息。高职院校的会计账户结构通常能够大致反映资源分类，管理者通过审视账户记录，包括工资、福利、业务费用、设备购置和维修等项目，可以获取基本的资源消耗数据。但是，这种方法可能无法精确反映资源的具体分类，需要进一步的处理和细化。

第二步是在现有的会计系统和信息基础上进行整理。管理者所收集的未经处理的数据不足以直接用作资源消耗量的计量，管理者需要对原始数据进行整合，然后深入分析每项费用的意义和特性，对资源数据进行再分类，以符合作业成本法的核算要求。这一步骤的目的是将原始数据转化为更有用、更符合成本计算需求的信息。

第三步是对某些资源消耗数据进行重新计算。尽管管理者已经进行了数据整合和分类，但由于高职院校普遍采用的会计核算原则可能不完全符合作业成本法的要求，故管理者需要对这些数据进行重新计算。例如，目前高职院校通常不计提固定资产折旧，这种情况下获得的成本数据并不符合作业成本法的标准，管理者必须对固定资产进行折旧计提，并使用经调整后的数据进行成本核算。

2. 对资源消耗进行整理

根据中国现行的会计制度以及高职院校日常运营的特点，教育支出可以细分为人员支出、公用支出和固定资产折旧三大主要类别。每一类根据各自特点，又可以细化为若干小类。

3. 划分资源动因

资源动因，作为判定资源消耗原因的关键因素，一方面是资源分配的依据，另一方面直接影响着高职院校整体资源利用的效率和效果。在高职院校具体实践中，资源动因主要可以划分为以下三个类别：

（1）直接可归属于某一特定产品或服务的资源。这类资源的消耗直接与特定的成本对象相关联，例如，特定课程的教学材料或专用实验设备。这类资源的特点是消耗明确、直接，可以无须复杂的分配程序，直接计入相应成本对象。

（2）资源耗费与特定作业中心紧密相关的专属性动因。在这一类别中，资源的消耗完全局限于某一具体的作业中心，如某个专业的教研室所需的特定资源。这些资源由于与其他作业中心无关，因此可以直接分配至对应的作业中心，简化了成本归集和分配流程。

（3）初期耗费复杂且与多个产品或多个作业中心相关联的资源，对于此类资源动因，管理者需要更为细致和科学地分析。这类资源的分配要基于合理的量化依据，充分考虑资源的性质和资源与不同作业中心的关联程度，通过科学的方法将资源成本合理且客观地分配到各相关作业，如将公共图书馆的资源分配给不同院系使用。

三种资源的分类示意图如图 7-2 所示：

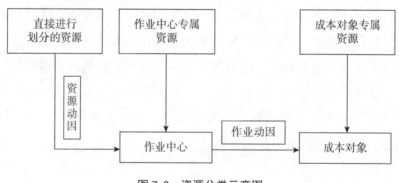

图 7-2　资源分类示意图

（二）确定作业、作业中心与作业动因

1. 确定作业和作业中心

在现代企业管理领域，作业成本法是一个核心概念。它像一条纽带，连接着企业的资源和最终产品，构成了整个生产和经营活动的基础。这个过程可以被理解为一连串的环节，每一个环节都为了达成特定的目标而存在，它们相互联系，相互依赖，共同构成了企业的整体运作流程。

在这个体系中，每个作业环节都是不可或缺的一部分，它们的有效运作确保了企业目标的实现。

对于高等职业院校而言，培养人才的过程可以被看作生产一种特殊产品，这一过程的复杂性与大型企业相似，涉及众多不同层面和环节。在这样的体系中，可能存在上百种不同的作业环节，对众多环节逐一进行成本分析，无疑是一项庞大而复杂的任务，既耗时又低效。对此，为了提高效率和经济性，高等职业院校需要采用一种科学合理的方法，以区分和管理这些作业环节，这通常通过管理者对作业的合理细化和合并实现，既要保证各环节得到有效区分，又要确保整体管理的合理性和可操作性。

高职教育机构的运作可以分为两类关键作业：核心作业和辅助作业。核心作业涉及教育活动的直接执行，包括各类教学机构和教育流程，这些是构成高等职业教育的主干，直接参与人才的培养过程。而辅助作业则包括那些为人才培养提供必要支持的部门和流程。虽然这些作业与人才培养不直接相关，但它们为核心作业的顺利进行提供了必要的支撑。

核心作业与辅助作业的主要内容以及两者的关系如图 7-3 所示：

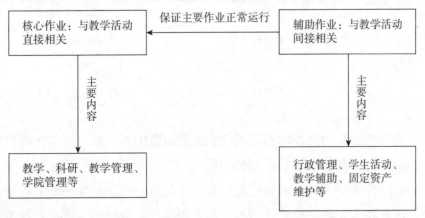

图 7-3　核心作业与辅助作业的主要内容以及两者的关系图

为高职院校建立有效的作业中心，关键在于精细化管理和流程简化，这需要管理者首先从教学核心作业和支持性辅助作业出发，深入挖掘每项具体活动的组织结构和业务流程，进而通过分析教育培养全程的各个环节，按照作业的性质、流程及成本驱动因素，实现作业的分类和标准化。上述过程的最终目标是将众多复杂的作业，有效整合成几个关键的作业中心，以优化资源配置，提高教学和辅助活动的效率。

2. 确定作业动因

在构建作业中心之后，管理者需综合评估多方面因素，以决定适宜的作业动因。这一选择过程着重于寻找可量化的因素，这些因素既需要与作业中心的独特属性紧密相关，还需要能够准确反映各作业中心的本质和性质。作业动因的数量也作为一个关键的分配标准，它在确定资源分配和成本计算的准确性方面发挥着核心作用。

高职院校作业动因的划分如表 7-1 所示：

表 7-1　高职院校作业动因的划分

分类	作业中心	成本动因
核心作业中心	教学作业中心	教学课时量（折算学生数）
	科研作业中心	折算学生数
	学生管理作业中心	实际学生数
辅助作业中心	行政作业中心	实际学生数
	教学辅助活动作业中心	折算学生数
	后勤管理作业中心	折算固定资产使用人数

结合上述动因选择原则以及高职院校运行的各个特点，以下是对各个作业中心动因选择缘由的具体分析：

教学作业中心的动因直接关联到学生培养。由于教学的核心在于授课，因此各专业的课时量成为教学作业中心的关键动因。通过量化不同专业的授课科目数，管理者可以精准地分配教学成本。

科研作业中心的成本应合理分摊到不同层次的学生。考虑到不同层次学生对科研活动的需求和参与程度不同，采用按比例折算的学生人数作为科研活动的成本动因，以达到更合理的成本分配。

对于学生管理作业中心，由于其活动如招生、军训、毕业等在各个教育层次基本一致，直接以实际学生人数作为成本动因是合适的选择。

行政作业中心作为支持教学和管理的重要部分，与学校实际缴费学生数量密切相关。所以选择实际学生人数作为行政作业中心的成本动因是合理的。

教学辅助活动作业中心，如计算机、图书等资源的提供，直接与学生数量挂钩。但考虑到不同教育层次学生对这些资源的使用情况存在差异，应使用折算后的学生人数作为成本动因。

后勤管理作业中心主要涉及固定资产管理。每个学院实际享有的固定资产数量成为合理的成本分配依据。

（三）将资源分配到高职院校成本对象

在高职院校的作业成本核算过程中，资源的有效管理和成本的精确归集至关重要。首先，需要对通过作业中心归纳和整理的各种资源进行深入分析和再分类。[①] 这一步骤的核心在于使用作业动因作为标准，将作业中心的各种间接资源合理分配至各成本对象。这实现了将间接成本有效地转移到成本对象的目的。在此基础上，高职院校作业成本核算的最后一步是将每个成本对象的直接成本和间接成本相加，从而得出该成本对象承担的总体教育资源量。

具体来说，成本归集的过程大致遵循以下几个步骤：

第一，直接成本需要直接分配给相应的成本对象。在对各类资源进行量化和归集之后，直接成本可以不经过作业中心的再分摊，直接记入对应的成本对象。

第二，间接成本需按照各自的资源动因进行分配。对于间接成本部分，管理者首先需要综合计算各作业中心的作业动因总量，以此确定

---

① 王京姝：《作业成本法在我国高校教育成本核算中的应用研究》，硕士学位论文，山东财经大学会计专业，2014，第35页。

各动因的分配比率；然后，根据这些动因，将资源消耗分配到各个相关作业。

第三，管理者需要以作业中心作为中介，将资源分配到各个成本对象。这一步骤涉及计算各作业中心的作业动因总量，进而得出各动因的分配比率。随后，根据每个直接教育培养作业中心的动因数量乘以单位动因分配率，计算间接成本在特定成本对象上的分摊量。

第四，管理者最后将直接成本与计算出的间接成本相加，便得出了高职院校每个成本对象的最终成本总额。

第八章 高职院校财务绩效及其连带管理

第一节 高职院校财务绩效概述

一、高职院校财务绩效的概念

绩效是衡量一个组织在实现其既定目标和任务上的有效性和效率的重要指标,它既包含个人层面的绩效也涉及整个组织的绩效。在组织绩效的框架下,可以将"绩效"进一步细分为经营绩效和财务绩效。经营绩效是一个全面的概念,涵盖了组织在达成其目标和执行任务方面的整体表现;而财务绩效则专注于财务活动的成果,即财务资源的投入与产出之间的关系,反映了财务活动目标的实现程度。

高职教育机构,作为特殊的组织实体,同样追求其特定的目标实现,其中财务绩效扮演着重要的角色。对于高职院校而言,财务绩效主要指的是高职院校财务活动的运作效率和成果。效率方面关注的是高职院校在使用财务资源方面投入产出的比率,即探索如何以最少的资源投入获取最大化的产出。而在效果方面,则是从结果的角度出发,考察财务资源在实现高等职业教育目标中所起的作用,例如,资金如何被有效利用,以提高教学质量、科研成果及学生满意度。

二、高职院校财务绩效的特征

高职院校财务绩效主要有四大特征，具体如下：

（一）多因性

在高等职业院校的财务绩效评估中，多因性原则强调绩效的形成并非由单一因素决定，而是受到众多因素的综合影响。这些因素包括外部环境，如市场变化、政策导向和经济状况；以及内部因素，包括工作特征、组织结构、管理制度和流程；个体层面的因素，如员工的工作态度、动机、价值观念和个人能力，也在很大程度上影响着财务绩效的优劣。对此，高职院校在评估和提升财务绩效时，需要全面考虑这些多样化的因素，采取综合性策略，以确保在各个层面上都能够有效地提升财务绩效。

（二）多维性

多维性是一种关键的评价原则，它强调在进行绩效分析时必须从多个角度和层面进行考量。评价一个学院或部门的绩效不应仅限于单一的维度，如学生培养的质量和效果，还应包括其他重要方面，例如，科研成果的贡献、对社会的服务与影响，以及对如何促进学院整体发展的探索。并且评价时还需考虑到硬指标（如资金使用效率、科研项目数量和质量）和软指标（如师生满意度、教育创新程度）的综合影响。

（三）模糊性

高职院校的财务绩效具有一定的模糊性，这主要是因为与企业不同，高职院校的绩效难以通过简单、直接的量化指标进行全面衡量。高职教育机构承担着多重功能：政治、经济、文化和社会功能。而这些功能的影响往往是长期和间接的，例如，教育质量的提高、学生能力的培养、研究创新的成果，这些都是高职院校绩效的重要方面，但它们的效果可能需要较长时间才能显现，并且难以用单一的财务指标直接反映。高职院校的社会贡献，如对于地区经济的推动、对于文化的传承和对于社会稳定的促进作用，虽然重要，但也难以用明确的财务数据量化。

（四）动态性

随着时间的推移，无论是部门还是个体的绩效都可能经历显著的变化，如一些部门或个体可能在一段时间内表现不佳，但随着策略调整、资源重新配置或管理改进，这些部门或个体的绩效可能逐渐提升。相反，一些原先表现优秀的部门或个体也可能由于各种内外部因素的影响，面临绩效下降的风险。在对高职院校的财务绩效进行评价时，管理者必须考虑这种动态变化，不能简单地以静态的视角进行判断，这要求评估者保持灵活和开放的思维，定期进行绩效评估，及时调整评估标准和方法，以便准确地反映和应对各种变化。

三、高职院校财务绩效的功能

财务资源对于高职院校的运行至关重要，它是院校日常运营的基础保障，也在高职院校资源配置中起着核心作用。在高职院校的多种资源中，无论是人力资源、物力资源还是其他形式的资源，它们的增值和消耗都直接体现了财务资源的使用效果，是对高职院校经费投入的直接反映。这些资源的有效运用对于高职院校教育质量的提升和办学目标的实现具有决定性影响。合理的经费配置不仅关乎教育产出的质量高低，更是增强高职院校办学效果的关键。所以，高职院校需将科学的财务管理作为实现自身教育目标的基石。

财务资源的稀缺性成为高职院校快速发展的主要制约因素，在多数情况下，高职院校面临的财力资源需求超出了可用资源的范围，这种资源的有限性甚至稀缺性要求高职院校必须进行高效的财力资源配置。在这个背景下，高职院校内部管理的核心转变为对于财务绩效的管理。财务绩效管理的关键是以绩效为中心，全面加强财务管理，提升资金管理水平，通过最大限度的开源节流，确保有限的资金产生最大化的社会和经济效益。这样的策略对于推动高等教育事业的发展至关重要。

财务绩效是高职院校运营的基础，更是提高高职院校核心竞争力的关键，一所高职院校的发展、地位和影响力不单单取决于它拥有的资源数量和质量，更取决于它如何高效地使用这些资源。在这个过程中，财务绩效的优化对于维持高职院校的长期竞争优势至关重要，人力和物力资源的有效发挥离不开财力资源的有力支持。通过优化财务绩效，高职院校可以更有效地利用其资源，创造更多的价值，在激烈竞争的教育领域中保持自身的优势和地位。

四、高职院校财务绩效评价

（一）高职院校财务绩效评价的内容

1. 资金筹集能力的评价

在当前教育改革的大背景下，政府对高等教育机构，特别是职业院校的财政支持有所减少，资金筹集能力反映了学校在资源获取方面的实力和努力，直接关联到学校的自我积累和发展潜力，同时是衡量学校经营状况和财务管理水平的重要指标。在评估高校的资金筹集能力时，需考虑多个具体指标，如学校自主筹措的经费总额、自筹经费的年增长率、自筹经费在总经费收入中所占的比例，以及自筹基建经费占基建经费总额的比率。这些指标能够全面反映学校在财务自主性方面的实际情况，帮助管理者评估学校在财务独立性和可持续发展能力方面的表现。

2. 资金运用能力的评价

资金运用能力的评估侧重于根据社会经济效益的原则，全面分析和评价学校在财政支出、财务运行和各类财务活动中所取得的成果。这种评估的核心在于理解和量化高职院校运营资金在获取社会和经济效益方面的趋势和绩效。具体来说，评价体系通常会包括一系列细化的指标，如师生比、学生平均实验实训仪器设备费、教学和科研收入、教师人均科研经费、毕业生就业率、资产创收率、教学设备的利用率、科研成果的经济收益、经费总支出与总收入的比率，以及学生平均事业费支出。这些指标不仅反映了高职院校财务资源的使用效率，还揭示了财务资源在支持教育和研究活动方面的实际效果。

3. 财务综合实力的评价

综合实力可以通过一系列细化的财务指标进行衡量，如资产收入比率、学校经费总收入、年末净资产总额、学生平均占用的校舍面积、固定资产的总值、来自国家或地方政府的拨款、净资产在总资产中的比重、教学活动产生的收入年增长率，以及年度收入与支出比。这些指标反映了学校的财务规模和资金结构，也揭示了学校的支付能力和财务稳定性，通过对这些指标的综合评价，管理者可以全面了解高职院校的财务状况，评估高职院校在资源配置、资金运营和财务风险管理等方面的能力。

4. 财务可持续发展能力的评价

财务可持续发展能力指的是学校未来的财务增长潜力以及面对财务风险时的应对能力，它直接关系到学校未来的财务稳定性和发展前景。为了全面评价这一能力，管理者通常会关注诸如固定资产的增长率、资产负债率、学校通过融资活动相对于银行存款平均余额的收入比重、投资收益率、科研经费的年增长率、基础建设投资的完成率，以及校企合作项目的增长率等多个关键指标。这些指标揭示了学校当前的财务状况，也反映着学校在未来能够保持财务健康和扩展其财务实力的能力。对财务可持续发展能力的综合评估，能够为高职院校制订长期财务规划和策略提供重要依据。

（二）高职院校财务绩效评价的原则

在高职院校的财务绩效评价中，确立清晰的评价原则是实现有效评价的关键。鉴于高职院校在其财务管理和运作中存在特殊性，财务绩效评价的方法和选用的指标应遵循特定的原则，以保证评价过程的科学性和合理性，确保评价结果能够有效地服务于学校的目标设定和决策需求。

1. 综合性原则

综合性原则要求评价过程必须全面地反映学校财务管理的各个方面，包括但不限于资金筹集、分配、使用及财务控制等多个维度，这种全面的评价既能够揭示学校各部门和层面上的财务活动状况，[①] 还能够深入分析这些活动对学校整体目标实现的影响。通过这种综合性的评价，学校管理层和财务决策者可以获得一个全局视角，以更好地识别财务管理中的问题和潜在的改进机会，为学校的持续发展和财务策略的优化提供有力的支撑。

2. 客观性原则

客观性原则要求管理者在绩效评价时既需要全面考虑高职院校所处的财务环境和普遍特点，还需紧密结合每所具体院校的独特性。在制定评价内容和标准时，既要考虑到高职院校作为高等教育机构的共性，如高职院校与普通高等教育院校在财务活动方面的相似之处，也要充分考虑到每所院校的办学特色和财务管理的特定情况。这种客观、实事求是的评价方式，能够确保评价结果真实反映院校的财务状况，并考虑到院校的个性化特征和需求，为高职院校的财务决策和管理提供准确、具有针对性的依据和建议。

3. 绩效性原则

该原则强调，财务绩效评价是高职院校管理过程的一部分，更是一个旨在发现和解决财务管理问题的重要工具，绩效性原则的核心目标在于提升学校资金的筹措能力、资金使用的效率，以及实现对于资源配置的优化。高职院校的财务绩效评价应专注于财务实力、资金筹集、资金运营效率及学校财务发展的潜力等关键领域，通过深入分析各院校在这些方面的优势和短板，财务绩效评价能够为各高职院校提供具有针对性的建议和解决方案，帮助各高职院校更科学有效地解决存在的财务问题。

---

① 李飞凤：《高等职业学校财务绩效评价研究》，硕士学位论文，安徽大学工商管理专业，2013，第12页。

4. 差异性原则

虽然高职院校作为高等教育体系的一部分，在许多财务活动上与普通高等教育机构有共性，但它们在某些关键方面存在明显差异，例如，高职院校的规模、办学目标、教学方式及政府资助的程度等方面，都可能与普通高等教育机构有所不同。对此，在进行财务绩效评价时，高职院校的管理者必须考虑到这些差异性，并根据高职院校独有的财务管理特点和实际情况进行评价。这要求高职院校评价体系和标准不能简单地从普通高等教育机构或企业直接复制，而应针对高职院校的具体情况进行定制化设计。

5. 有效性原则

在开展财务绩效评价的过程中，高职院校所建立的财务绩效评价模型必须能够准确地评估院校的财务活动和基本状况，真实地反映院校的财务健康水平、资源使用效率及未来发展潜力。为了实现这一目标，模型的设计需充分考虑高职院校的特点和需求，确保评价结果的准确性和可靠性。同时，高职院校及其各个部门应对财务绩效评价工作给予足够的重视，确保评价工作的质量，并积极利用评价结果指导实际的财务管理和决策。这样，财务绩效评价不仅仅是一种对于理论模型的应用过程，更是一种促进学校财务管理实践改进和提高的动力源泉。

（三）高职院校财务绩效评价的策略

1. 拓展筹资渠道，提高经费收入

随着高等教育竞争的加剧和财政资金的相对紧张，高职院校必须探索多元化的筹资方式，以增强自身的财务实力和稳定性。首先，学校可以加强与政府、企业和社会组织的合作，争取更多的政策支持和资金援助。其次，高校应积极参与行业项目和科研合作，通过产学研结合，开发新的收入来源。再次，高职院校也可通过校企合作、成立产业基金、开展校友捐赠活动等方式，增加经费来源。最后，学校还应着力提升资金的使用效率，合理规划和管理现有资金，确保每一笔投入都能产生最大化的教育和社会效益。

2. 打造节约型校园，形成高效办学观

高职院校应推行全面的资源节约措施，如提高能源使用效率、减少不必要的开支、合理利用现有资源。节约型的运营模式能够显著降低学校的运营成本，并培养学校师生的环保意识。学校还应通过科学合理的预算管理和资金配置，确保每一笔投入都能在教学、科研和学生服务等方面产生最大化的效益。高职院校通过推广电子化管理和数字化校园建设，不仅可以提高行政效率，还能进一步降低纸张等物理材料的使用频率。在办学观念上，高职院校应致力提升教育质量和效率，通过优化课程设置、提高教学方法的创新性和实践性，以及加强校企合作等方式，提升办学效果。

3. 做好财务分析，编制绩效评价报告

这一过程要求高职院校对其财务数据进行全面和细致的分析，以识别和理解收入来源、支出模式、资金流动、预算执行等各个方面的动态和趋势。财务分析的核心是揭示学校的财务状况、发现潜在的风险和问题，并评估学校的财务健康度。财务分析应结合学校的实际情况，包括资金筹集能力、资金运用效率、财务稳定性等多个维度。基于这些分析，编制的财务绩效评价报告应清晰地呈现学校的财务表现，提出改进的建议和策略。报告应简洁明了，易于理解，还应提供足够的数据支持，以便学校管理层、利益相关者及外部审计机构能够全面了解学校的财务状况。

第二节　财务绩效视角下的高职院校师资管理

一、我国高职院校师资管理现状

（一）人才引进制度

在中国高等职业教育领域，由于高等教育师资具备独特的稀缺性，高职院校面临激烈的师资竞争，正因这一挑战，高职院校普遍注重对于高层次人才的引进，以期提升教育质量和科研水平，同时优化师资结构。

高职院校在人才引进上的策略主要围绕提升教学科研能力和学科建设的需要，为此，院校制定了一系列规章制度，旨在通过引进具备教学科研所需专业能力和社会经验的人才满足教学和科研的需求。这些人才大致可分为三类：应届毕业生、其他高职院校的流动教师和具有相关专业能力的非教师专业人员。通过人才引进方面的措施，高职院校旨在促进师资队伍的整体提升和结构优化。

高职院校的人才引进制度通常将待遇与人才层次直接挂钩，不同层次的引进人才享有不同级别的待遇和福利，从院士或相当于院士水平的教授到博士毕业生，各层次人才在科研启动经费、津贴、科研设施和住房等方面享受差异化的待遇。这种分层次的待遇设置旨在吸引不同层级的优秀人才，促进学校发展。人才判定过程在高职院校中通常采用指标化、定向化的方式，如通过职称、学历、支持计划等硬性标准进行人才分类，确保人才引进的合理性和目标性。高职院校对于引进人才的资金保障和落实也极为重视。多数院校依据历年人才引进状况和预期进行专项经费拨款，确保有足够的资源支持人才的引进和发展。在具体资金分配上，高职院校通常采取学校统一收支和院系包干拨付的方式，以保障人才引进经费的有效和合理使用。

中国高等职业教育院校的人才引进体系从制度经济学视角反映了师资队伍建设对制度创新的强烈需求，在高职院校人才引进这一过程中，虽然制度框架保持统一，但在具体实施层面，不同高职院校在人才引进策略上展现出显著的差异化。一方面，各高职院校在人才引进的侧重点上存在差异，部分重点院校和在某学科领域具有重要地位的高职院校在人才引进策略上更加倾向于高端人才，这种倾向性直接反映在对不同层级人才的引进待遇上，这些院校对高端人才提供的支持远超一般院校，而对于其他层次人才的关注度相对较低。该策略使得部分高职院校在人才结构上呈现出一定的偏差，可能导致高职院校对于低位序人才群体的支持不足。另一方面，不同高职院校在制度实施效果上表现出明显的差异，受限于历史背景、地理位置、经济条件等因素，一些院校在吸引优秀人才方面面临困难，虽然这些院校设有详尽的人才引进计划，但实际上能够吸引的往往是层次较低的人才，这限制了这些院校在教学和科研方面的发展，因此，这些院校的人才引进制度的有效性在很大程度上是有限的。另外，针对高端、特需或国际知名学者等人才，一些高职院校展现出较高的制度灵活性。在这些特殊情况下，高职院校往往采用个性化的策略，强调在人才引进过程中通过协商议价达成共识。

（二）岗位设置管理制度

中国高等职业教育院校在进行人事制度改革时，基于"需求导向设岗、岗位选择人员、岗位决定薪酬、岗位评估绩效"的原则，推动了人事管理体系的科学化和规范化，这种改革的目的在于优化用人制度和调整薪酬分配结构，实现从传统的身份管理向灵活的岗位管理的转变。

高职院校人事制度改革强调科学的岗位设置和明确的岗位责任，包括细化岗位等级、明确各类岗位的具体要求和职责，以及建立规范的岗位考核机制。通过这种方式，高职院校能够衡量每位教职工是否根据其特定岗位要求达成工作业绩，从而确定相应的考核和奖惩。岗位管理和聘用制的建立意味着用人制度的灵活性增强，高职院校从固定用人模式转向更为灵活的合同用工模式，收入分配也从职务等级工资制转向岗位绩效工资制。

岗位设置和分级管理改革实施以来，在高职院校人事管理方面取得了一定成效，一方面，高职院校人事结构中专业技术人员的比例得到了合理定位，从而明确了教师编制的主体地位。另一方面，工作激励机制的初步建立，通过岗位业务的绩效考核评价，使得相应的奖励和处罚有据可依，增强了教师队伍的工作积极性。而岗位设置与分级管理改革则为高职院校教师聘任制的实施开辟了新路径，这种改革有助于打破高职院校师资队伍的固定模式，为进一步实施淘汰机制铺平了道路，为建立一个灵活且流动的高职院校教师管理体系打下了基础。

二、财务绩效视角下的高职院校师资管理

（一）全面统筹人才引进，加强后继管理工作

在人才引进和后继管理工作方面，以财务绩效为出发点，具体策略包括以下几个要点，如表 8-1 所示。

表8-1　"全面统筹人才，加强后继管理工作"要点

管理策略	内容概述
人才引进的计划性与针对性	（1）紧密围绕学科发展需求进行人才引进； （2）平衡学科发展与人才需求； （3）优化人才队伍结构。
人才引进的前瞻性与适应性	（1）规划中长期的人才战略； （2）引进战略性人才和急需人才； （3）避免违背发展规律和过度追求高端人才。
人才引进的服务导向	（1）差异化引进以满足各学科、岗位需求； （2）综合考虑人才类别和层次； （3）注重教学与科研岗位的特定需求。
绩效文化建设	（1）从依赖外部约束转变为依赖个体内在动力； （2）塑造人才的绩效意识和观念； （3）长期培训和发展，确保人才权益。

续　表

管理策略	内容概述
人才储备和使用	（1）树立正确的人才储备观念； （2）培养接班人才； （3）实施有针对性的培训体系。
内部管理能力强化	（1）科学、合理的选拔和试用流程； （2）构建公平、客观的工作环境； （3）实现业绩评价和收入分配的科学化。

1. 加强人才引进工作的计划性与针对性

在当前高等教育的发展背景下，高职院校在人才引进方面必须采取创新的管理手段和完善的制度设计，以确保人才投入与学校教学科研工作产出之间的有效对接，目标是将资源的利用效益最大化。

高职院校的人才引进必须紧密围绕学科发展的需求进行，确保每一次人才引进都与学校的整体发展规划和学科建设目标相契合。高职院校需要科学地规划学科布局，合理地平衡和调整学科发展与人才需求之间的关系；应关注人才队伍的结构优化，包括对知识结构、学历结构、职称结构的调整和完善，以促进新进人才与现有团队之间的有效整合，加强各学科间的协同合作，形成推动学科综合发展的合力。

2. 高职院校的人才引进工作应具备前瞻性和适应性

高职院校在人才引进方面既要考虑短期需求，还要有远见地规划中长期的人才战略。要有预见性地引进战略性人才、有目标地引进急需人才，以及有重点地培养后备人才，以保持人才队伍的持续更新。在这个过程中，高职院校需避免违背自身发展规律，避免盲目引进或过度追求高端人才。

3. 高职院校的人才引进工作需具有服务导向

人才引进应根据各学科、各岗位的具体需求进行差异化引进。高职院校在引进人才时，应考虑人才的类别和层次，不应单一依据学历和职称标准进行评定：对于教学任务重的岗位，应重视引进人才的综合素质；

对于依赖科研创新的岗位，应优先引进专业技术能力强、具有较大科研创新潜力的人才。

4. 加强高职院校绩效文化建设

绩效文化，作为绩效管理系统的核心组成部分，关系到绩效工资制度的有效运行，更深层次地影响着教职员工的行为模式和组织的整体运作。

第一，绩效文化的建设意味着将教职员工的行为从被动参与转变为主动贡献，这种文化层面的建设强调从依赖外部约束向依赖个体内在动力的转变。绩效文化的形成对于吸引和保留人才尤为关键，它能吸引符合组织需求的优秀人才加入，还能通过特定的绩效文化环境筛选出适合特定岗位的人才。此外，这种文化背景还促使新引进的人才更快地融入团队，与现有团队形成协同合作。

第二，绩效文化的强化有助于塑造人才的绩效意识和观念。通过明确的绩效导向，高职院校可以激励人才发挥创造性，积极投身于教学和科研工作中，形成强大的团队力量，为此，高职院校需要传播绩效提升的重要性，树立"不进则退"的工作理念；将组织的战略目标分解为具体、可执行的绩效指标，确保绩效管理自上而下地有效整合；应帮助人才进行职业生涯规划，确保个人发展目标与组织目标的一致性，这也是提升绩效文化的重要一环。

第三，加强绩效文化建设同时意味着要重视人才的长期培训和发展，高职院校需要通过有针对性的培训，创造一种有利于创新和知识共享的文化氛围，形成有效的知识交流和协作机制；与此同时，要确保人才的合法权益得到保障，提高人才的组织忠诚度和满意度，这也是构建健康绩效文化的重要方面。高职院校应承认教学科研工作的独立性和多样性，鼓励团队中的创新精神和合作意识，在包容差异的环境中，促进师资团体的整体发展。

5. 完善人才储备和使用制度

第一，高职院校需要树立正确的人才储备观念，将人才储备视为一种战略性的发展手段，而不仅仅是短期内补充师资的临时措施。高职院校在人才储备过程中，应重视人才成长的积累性，为不同类别的人才提供成长的空间和条件，包括年轻人才和有潜力的中青年教师。需要注意的是，应避免只关注短期内能快速带来成果的人才，而忽视年轻人才的成长和发展。

第二，完善人才储备和使用制度的关键在于培养接班人才，这涉及选拔有潜力、创新意识强的中青年教师，并鼓励他们向学科领军人物和顶尖人才的方向发展。高职院校可以通过加强学术交流、深造学习等方式，促进这些人才不断吸收新知识，掌握新技能。通过这样的机制，高职院校能够为未来的发展培养出有能力、有潜力的师资力量。

第三，人才储备与使用的有效结合需要依靠有力的培训体系作为保障。高职院校应通过有计划、有步骤的目标导向培训，实施动态管理，使人才成为学校发展的中坚力量。这要求高职院校不断加大对人才培训的投入，结合外部培训和内部培训，为人才提供多样化的发展途径和机会。

6. 强化高职院校内部管理能力

在高等职业教育机构中，强化内部管理能力是优化人才引进和利用的关键，作为一个复杂的系统项目，人才管理工作涵盖从择优选拔到试用、正式任职，乃至日后的发展和晋升，每个环节都需要通过科学、合理的流程，实现人才管理的精细化和高效化。

在人才选拔阶段，高职院校需要充分考虑候选人的综合素质，包括他们的能力、潜力及适应性，这既涉及短期的效能，还应关注候选人长期发展潜力。在试用阶段，高职院校应避免仅基于短期表现作出决策，而应深入观察和评估候选人的政治素质和业务潜力，进而选拔出具有发展前景的优秀人才。在正式任职和发展阶段，高职院校应为教职工创造一种公平、客观的工作环境，引入多维度的评价机制，如学生评价、同行评审，以促进科学严谨的选人用人机制的形成。

高职院校内部管理的核心在于构建科学的业绩评价制度和公正合理

的收入分配制度。业绩评价系统应具备操作性和公正性，能够全面评估教职工的绩效和贡献，结合定性和定量的评价方法。在分配制度方面，高职院校应考虑实现收入分配的梯度激励机制，同时需考量教职工的基本生活需求，处理好不同地区、不同行业、不同院校教职工之间的收入差异，以及院校发展的历史背景和实际财务能力。

最后，高职院校在管理上应注重对于总体规模的控制，通过差别化的绩效工资体系引导教职工收入分配结构的正向增长，这要求学校在拓展收入总量的同时，也要重视分配公平性和合理性，避免盲目追求规模扩张而忽视师资队伍的实际需求和发展。

（二）优化岗位设置，激发活力

在"优化岗位设置，激发活力"方面，以财务绩效为出发点，具体策略包括以下几个要点，如表8-2所示：

表8-2　"优化岗位设置，激发活力"要点

策略	实施细节
把握聘任制度的基本原则	（1）平等自愿原则； （2）公开公正原则； （3）竞争择优原则。
把握推进全员聘任制的核心环节	（1）岗位设置； （2）激励约束； （3）聘后管理； （4）规范解聘、辞聘制度。
加快分配制度创新，体现高职院校师资特性	（1）保证绩效评价机制的科学性和民主性； （2）保证绩效工资分配的透明度和公开度。

1.把握聘任制度的基本原则

（1）平等自愿原则。平等自愿原则强调在教师聘任过程中，高职院校应确保所有候选人享有平等的机会和权利。具体来说，高职院校在教师招聘、选拔过程中，应坚持平等和自愿的原则，确保所有教师候选人在

无歧视的环境中展现自身的能力和潜力。平等自愿原则还要求高职院校在聘任过程中尊重教师的个人意愿，避免任何形式的强制或压力，这种尊重个人选择的态度有助于营造一种积极、公平的聘任氛围，进而吸引和保留有才华的教师，激发他们在教学和科研工作中的积极性和创造性。

（2）公开公正原则。此原则主张在教师聘任过程中，所有候选人应享有公平竞争的机会，以确保聘任程序的透明度和公正性。高职院校在招聘、选拔教师时，应实行程序公开化，包括职位信息公示、申请条件和评选标准的明确。此原则还强调在选拔和聘任过程中保持候选人的平等待遇，无论他们的性别、年龄、民族、宗教信仰或其他社会身份如何。

（3）竞争择优原则。在教师聘任过程中高职院校应采用竞争性机制，以确保优秀的候选人被选拔和聘任。具体来说，高职院校需要建立一套科学、透明且具有公信力的评价和选拔体系，确保所有候选人在同等条件下通过自身的能力、业绩和潜力进行公平竞争。该原则要求高职院校在教师选拔过程中，应以专业技能、教学质量、研究成果等多维度指标作为评价标准，确保选拔结果的公正性和有效性。

2.把握推进全员聘任制的核心环节

（1）岗位设置是基础。岗位设置的目标是实现从身份管理向岗位管理的转变，并推进以"需求导向设岗、竞争性岗位选拔、按岗聘用、合同化管理"为主要特征的人才管理制度，这一转变意味着高职院校在用人方面的管理模式需从传统的身份导向转向能力和业绩导向。岗位设置还涉及对于收入分配制度的改革，相关改革旨在实现基于岗位价值和绩效的合理薪酬体系，这样的转变既有助于激发教职工的积极性，而且对于高职院校的持续发展至关重要。

高职院校岗位设置工作应考虑多方面因素，如岗位的类型、结构、等级、任职条件、职责和考核，这要求学校建立一套科学且全面的岗位管理体系，确保岗位设置符合学校的教育发展需要和师资队伍的实际需求情况。在实施过程中，高职院校需要妥善处理好改革、发展与稳定的关系，确保改革能提升学校办学活力和师资队伍的积极性，并保持校园的和谐稳定。此外，分类管理专业技术岗、管理岗和工勤岗，确保不同类别员工的合理比例和公平待遇，是实现师资队伍均衡发展的关键。

高职院校在岗位设置的过程中需要平衡当前和长远的需求，包括解决历史遗留问题，确保现有师资的合理安置和发展，同时注重未来的科学规划，保证学校的长期可持续发展。

（2）激励约束是关键。全员聘任制这一制度的建立应紧密结合科学的岗位设定，并重点关注教学科研一线的工作绩效，以构建一个充满活力的用人体系。

第一，激励约束体系的核心在于建立一个业绩导向的分配模式，旨在通过分配机制的引导作用和激励效果，激发教职工的工作积极性和创造力。为实现这一目标，高职院校需要建立一个科学合理的业绩评价指标体系，这涉及采用定性与定量相结合的评估方法，设置针对各岗位的考核指标。这种综合性评价体系既能够全面评估教师的工作业绩，也能促进教师个人发展和学校整体进步。

第二，高职院校应实施严格的业绩考核制度。在绩效评估中，高职院校应采用团队综合考核与个人考核相结合的方法，确保对于团队和个人业绩的公正评价。例如，高职院校可以通过团队绩效考核共享机制，在团队绩效考核结果的基础上进行团队绩效分配，团队内部可进行二次考核，以分配团队成员的绩效报酬，促进团队合作和个人贡献的平衡。

第三，建立优胜劣汰机制也是关键。高职院校应将考核结果与工资分配、岗位聘任紧密结合，对于绩效考核表现优秀的教职工，应给予相应的物质奖励和精神鼓励；对于绩效表现不佳的员工，应根据工作完成情况采取相应措施，如扣减或不发绩效津贴，甚至影响工资发放，严重者可考虑岗位淘汰。

（3）聘后管理是核心。聘后管理的效果直接关系到学校的运行效率和发展质量，因此，加强聘后管理，特别是完善聘后考核制度，是提升管理效能的关键。具体而言，这要求高职院校对教职工进行定期的年度和聘期考核，依据教师的工作业绩和态度进行全面评估。考核结果应作为决定教师续聘、解聘、工资调整、晋级及其他奖惩的重要依据，以确保教师的绩效与学校的长期目标保持一致。

（4）规范解聘、辞聘制度是保障。相关制度应基于法律原则，确保职工的解聘和辞聘过程合法、透明。高职院校可以根据聘用合同的条款进行职工的解聘，而职工亦可依据合同进行辞聘。通过建立这样规范的解聘和辞聘制度，高职院校能够有效疏通人员流动渠道，增强人事制度的灵活性和适应性，使得学校在维护教师权益的同时，促进学校整体的发展和进步。

3. 加快分配制度创新，体现高职院校师资特性

加快分配制度创新，尤其是加快绩效工资制度改革，对于体现师资特性和激励师资团队至关重要，这一创新需要基于全国事业单位改革的大背景，同时兼顾高职院校教师队伍的独特性，推动高职院校教职员工绩效工资体系朝着更加公平和科学的方向发展。

绩效评价机制的实施目的主要有两个：一是通过合理的激励机制，培养一个具有创新精神和实际工作能力的教师团队；二是为教师提供实现个人职业价值和目标的机会，确保他们的努力获得应有的认可。因此，绩效评价体系的建立需要科学性和民主性，科学性体现在绩效评价的指标选择、问题识别和层次结构等方面，这些方面应具有客观性，能够真实反映教师的工作状态，并能依据充分的数据和实际情况，获得业界的广泛认可。民主性则要求绩效评价体系能反映教师的真实工作情况和体验，基于参与性的知识构建评价体系。

绩效评价体系的建立需要高职院校管理者与教师进行充分的交流，吸纳合理的建议，并进行持续的优化，采用年度考核、聘期考核与平时考核相结合的方法，并基于分类管理、分类付酬的方式，应确保整个过程的公平、公正和平等。这要求高职院校管理者在执行绩效工资分配制度时，保持信息的透明度和公开度，同时提供持续的指导和支持。为了确保高职院校师资队伍的绩效评价机制得以有效实施，高职院校管理者需要在整个绩效工资分配过程中秉持透明和公开原则，并提供适时的指导。

（三）推进管理创新在经费配置和绩效评估中的应用

1. 经费配置与人才引进策略

在高职院校中，保持师资队伍结构的合理性和水平的高度至关重要，为此，院校在财务经费配置上采取了两项重要措施。一是院校通过生师比和学生规模调节系数激励各院系引进高层次人才，这种调节机制旨在促进师资队伍的优化。二是学校持续保留用于人才引进的专项经费，年度结束时，根据各院系实际的人才引进表现，按照既定的管理办法将经费划拨给各院系，确保经费的专款专用性。这种经费配置模式有助于院校在维持财务稳定性的同时，有效促进高质量人才的引进和保留工作。

2. 绩效薪酬体系与人才队伍建设

第二个关键环节涉及院系内部的绩效薪酬体系。院系根据绩效考核结果，从自身经费中支付教师的绩效工资，这一做法旨在促使院系加强对教师的管理和评估，依据教师的教学和科研绩效进行薪酬分配，优化劳动力分配。这种以绩效为基础的薪酬体系有助于高职院校人才队伍建设从重视资历向重视绩效的转变，并且可以通过绩效薪酬激发教师的积极性和创新能力。高职院校还通过实施以岗位为基础的聘任制，推动人才队伍建设中的轮岗和转岗机制，用以代替传统的下岗制度。

第三节 财务绩效视角下的高职院校科研制度管理

一、高职院校科研管理制度现状

（一）高职院校科研管理制度初步形成

近年来，随着我国政府对科研领域管理的不断完善和优化，一系列重要的公共政策陆续出台，对高等院校的科研管理产生了深远影响。这些政策包括《关于国家科研计划实施课题管理的规定》《国家社会科学基金项目管理办法》等，旨在规范科研活动，提升科研管理的效率和质量。

1. 政策导向与院校响应

在国家政策的引导下，我国高职院校针对自身特点，结合科研人员和教职工的实际需求，制定了一系列科研管理的规章制度。这些制度既包括对科研管理目的、作用和地位的原则性规定，也包括课题立项、评审等程序性要求。相关制度建设主要是传统科研管理体制改革的成果，反映着适应市场经济发展需求的科研管理制度的变革。

2. 规章制度的特点与影响

当前的规章制度聚焦于原有科研管理中存在的问题及现有科研管理领域出现的新情况和新挑战；内容上，涉及科研活动的多个方面和环节，例如，课题申请、科研经费使用与管理、科研工作量计算、合同管理、横向课题管理、科研成果的奖励与鉴定、学术交流及科研档案管理。这些制度的实施显著降低了科研管理的随意性和主观性，科研活动的规范性和透明度得到了显著提升，极大改善了以往科研管理无规可依的现状。

3. 科研重心的转移与平衡

近年来，国家层面对哲学社会科学的重视逐渐提升，体现在多项政策和指导意见的发布，如中华人民共和国教育部发布的《关于深入推进高等学校哲学社会科学繁荣发展的意见》。这些政策为高职院校在哲学社会科学领域的发展提供了明确的方向和行动纲领，许多高职院校抓住这一契机，加大力度推进哲学社会科学的发展，其中关键的步骤之一是强化科研管理，以提升整体的科研水平。

4. 制度建设的实践

在推动科研工作进一步发展的过程中，制度建设成为提高科研水平的重要措施。高职院校广泛将制度建设视为提升科研管理水平的重要途径，着力于实现科研管理的制度化和规范化。这既体现在对科研活动的管理上，还涵盖了科研经费的合理分配、科研成果的有效评价、科研伦理的规范执行等方面。

5. 挑战与展望

尽管我国高职院校在科研管理制度建设方面取得了显著进步，但仍处于起步阶段。相较于发达国家成熟的高职院校科研管理体系，以及我国高职院校科研事业的快速发展，当前我国高职院校的科研管理制度仍存在不足。未来，高职院校需进一步完善科研管理体系，深化对于科研管理体制的改革，创新哲学社会科学的科研体制机制，不断提升科研管理的专业性和效率，以更好地适应科研活动的发展需求，推动学术研究和学科建设的全面繁荣。

（二）奖惩制度立足高职院校科研管理制度建设

在高职院校的科研管理体系中，一方面，奖惩制度通过将科研人员的直接利益（如薪酬、福利、奖金、津贴）与科研成果紧密关联，有效地激励科研人员追求卓越的研究成果。该制度的实施基于按劳分配的原则，即"多劳多得"和"优劳优酬"，同时强调"奖优罚劣"的管理理念，这种机制，类似于企业中的标杆管理模式，既引导科研人员提升工作绩效，还促进他们之间的健康竞争。奖励机制的主要功能是激励科研人员，通过对科研成果显著、科研能力突出的个体或团队给予物质奖励或精神表彰，显著提升个体或整个科研团队的积极性和创造力，这种正面的激励旨在鼓励科研人员专注于创新和质量，提升研究成果的水平和影响力。通过公开透明的奖励标准和条目，科研人员能够清楚地了解优秀研究工作的标准和要求，更有目的性地提升自己的科研工作。

另一方面，惩罚机制起到了约束和促进的作用，对于那些科研成绩不佳或科研态度消极的科研人员，实施一定的惩罚措施，如降低奖金、限制晋升机会，甚至是职务调整，可以有效地促使他们改善工作态度和提升科研能力。这种制度的执行不仅对个体科研人员产生影响，也对整个科研团队产生正面的压力，促使团队成员不断追求卓越，提高整体科研水平。也正因为科研奖惩制度的功能强大，我国高职院校才纷纷将此作为科研管理制度建设的重点，作为创新科研管理制度的主要抓手。[①]

二、财务绩效视角下高职院校科研管理制度对策

（一）完善科研管理人员的选拔与培训制度，做实科研工作

在高等教育科研管理领域，管理人员的角色和影响经常被低估。过去，常有观点将科研管理工作视为辅助性、次要的职能，认为管理人员仅是提供行政支持，而非科研活动的核心参与者，这种误解导致了一种错误的认识，即认为优秀的研究人员转入管理岗位是一种"浪费"，而应由那些在科研领域表现平平的人员担任科研管理工作，但实际上，科研管理工作对于推动科学研究的整体进步具有决定性的作用。

现代高等教育科研管理的核心在于认识到管理人员的重要性和专业性，科研管理人员既是项目协调者，也是策略规划者、资源整合者和质量监督者，他们的工作涉及项目规划、资金分配、研究伦理、合作促进、成果转化等多个方面，这些职能对于确保科研活动的高效、规范和创新至关重要。因此，选拔和培养科研管理人才应当与选拔研究人员一样慎重，并应重视对其专业技能和管理能力的培养。为了提升科研管理的专业性和效率，高职院校应重视科研管理队伍的构建，克服对科研管理的轻视倾向，充分认识到科研管理人员在促进科学研究和学术创新中的重要作用。高职院校应当采取有效措施，提升科研管理人员的素质和能力，包括但不限于加强对科研政策、项目管理、财务规划、伦理合规方面的培训，确保他们能够在促进科研创新的过程中扮演关键角色。

提升高职教育机构中科研管理的效率和质量，关键在于构建完善的科研管理人员选拔和培训体系。这个体系应专注于两个核心要素：一是通过严格的选拔程序，确保科研管理岗位由具备高度组织能力、正直作风和对科研管理有深厚热情的人才担任，以确保科研管理的专业性和效

---

① 孙杰：《高校财务管理创新理念与关键问题探索》，吉林大学出版社，2018，第88页。

果；二是实施全面而系统的培训计划，不断提升管理人员的专业知识水平和技能，以促使管理人员适应不断变化的科研环境和需求。

选拔制度的重点在于识别和选拔那些既具备科研领导力又具有良好道德品质的人才进入科研管理领域，选拔的原则不仅基于人才的专业知识和经验，还包括他们的工作态度和对科研管理的热情。选拔过程中应强调公平性和透明性，确保所有候选人都有机会展示自己的能力和潜力。一旦选拔完成，应通过结构化的培训计划提升相关人员的管理技能和知识水平，包括理论学习和实践操作的结合，使他们既能掌握科研管理的理论知识，还能够将其灵活应用于实际工作中。培训机制的重要性也不容忽视。理论学习是提升科研管理人员理论素养和专业能力的基础，而实践性的培训如挂职锻炼，则更侧重于提升实际操作和决策能力，通过在不同的工作环境中学习和工作，科研管理人员能够获得宝贵的实践经验，增强他们的沟通、协调和团队管理能力。

（二）建立健全科研协作制度，做深科研工作

高职院校需要通过建立和完善科研机构，聚焦资源配置和学科力量整合，以提升整体科研能力。目前，许多高职院校的科研机构独立运作，缺乏有效的协作和团队合力，这限制了它们在承接大型项目和产出重大成果方面的能力。为解决这一问题，高职院校应积极采取措施，建立以"学术带头人＋创新团队"为核心的科研团队，通过团队建设深化科研工作。高职院校还应考虑建立专业的科学研究基地，如国家哲学社会科学研究基地，以整合资源，形成更强大的研究集群，进而有效促进研究方向的明确、研究思路的明晰和研究质量的提升。

对于科研协作制度的实施，绩效管理提供了一种全新的视角。高职院校在推进科研协作时，应建立和完善相应的管理体制，确保科研经费的充足、激励约束机制的完善，并积极引进所需人才。这不仅涉及基础设施的建设和资金的保障，还包括对人才的吸引和保留。通过建立合作机制，高职院校可以促进科研人员间的交流和协作，形成有效的科研网

络，最大化科研绩效。

（三）创新科研组织制度，做强科研工作

高职院校应当根据不同类型的教育模式设计和调整自身的基层学术组织结构，确保资源配置的最优化和科研成果的最大化。对于建设高水平大学而言，基层学术组织的构建应促进教学与科研的紧密结合，形成协同效应，这要求高职院校在组织架构上重视院系的科研组织，支持和鼓励研究机构与教学部门的有效协作。这种协作可以实现学科队伍的集聚，明确研究方向，并进一步构建高效的科研基地与平台。对于教学研究型院校，重点在于平衡教学与科研的关系，强化院系层面的教研组织，并在必要时建立专门的研究机构，以促进专业与学科的发展。而对于以教学为主导的院校，教研室作为基层学术组织的核心，应采取等级式的垂直管理模式，以提高教学效率和质量。

在财务绩效的视角下，基层学术组织的改革和创新需要更加注重科研人员的思维创新、知识更新和技能提升。高职院校应当构建以学科为主线、以科研任务为基础的矩阵型组织模式，以增强科研与教学、科研与学科的整合。此外，高职院校还应利用现有的国家和省部级重点科研机构，通过集中人力、物力和财力资源，加强这些机构的综合性、交叉性和国际化建设，确保自身在承担重大项目和产出重要成果方面发挥核心作用。最后，高职院校应遴选实力强、影响广的科研机构，建立高水平的科研平台，这些平台应具备较高的集成性、交叉性和综合性，还应具备国际化特征。通过倾斜支持这些平台的发展，包括配备专职科研人员和提供充足的财务资源，高职院校可以有效提升其科研工作的整体水平和国际影响力，实现科研工作的可持续发展。

（四）建立和完善科研激励制度，做活科研工作

高职教育机构的科研激励制度需紧密结合科研发展规律，以实现对于科研人员及团队的最优化激励，并促进科研管理工作从"数量型管理"

向"质量型管理"转变，形成高效的激励与约束制度。这样的制度既要激发科研人员的积极性，也要确保科研投入的财务效益最大化。

1. 突出"以人为本"的激励制度

高职院校应采取以激励为导向的管理模式，重视人的全面发展和潜能挖掘，确保科研管理活动能够调动人的积极性与创造力。高职院校在制定科研政策和管理模式时，需注重教师的科技创新作用和潜能发挥，通过合理的激励机制，如职称晋升、科研奖金、职业发展支持，鼓励教师参与科研创新，特别是应对青年教师的科研创新给予充分重视和支持，以提升高职院校整体的科研绩效。

2. 加强产学研结合，促进成果转化

加强产学研结合，促进科研成果的转化至关重要。高职院校应建立科技产业化基地，推动科研成果的商业化和技术转让，加强与市场、企业及社会的联系，探索有效的科研成果转化机制。具体来说，高职院校应建立科研成果转化平台，促进科研成果向实际应用的转换；还应建设大学科技园，选择与学校优势学科相结合的有潜力的科研成果进行产业化推进，这有助于提高学校的财务绩效，也能更好地服务于经济建设和社会发展。

（五）构建科学、合理的科研考核评价体系

1. 深化改革人事分配制度，增强对科研工作的考核强度

科研考核作为评估教师工作能力和产出效益的关键机制，考核结果不只是教师绩效评估的基础，也是校级经费预算投入的重要参考。高职院校需要在科研考核中综合考虑个人与单位的绩效，设定合理的权重分配，特别是对当年成果的加权。个人考核标准应根据教师的职称、学历和工作年限等多维度因素进行细化，确保考核的全面性和准确性，以促进科研工作的质量和效率。

2. 着力提升科研效益

关于提升科研效益，高职院校需要更新和加强科研基础设施，并实施有效的科研资源信息管理。具体而言，高职院校应对科研设施的成本—产出进行评估，推动科研资源的共享，并加强对科研成果和知识产权的保护。高职院校应倡导科研成果的透明度和开放性，及时将科研数据和资源公布于社会，接受公众监督。高职院校还应为教师在专利申报和知识产权保护方面提供全面支持，并建立数据共享平台，以最大化科研成果的社会效益。

3. 确定合理的科研考核周期

考虑到科研项目的周期性和多样性，不同学科的考核周期应有所区别，这是因为不同学科的研究成果成熟的时间线不同，一概而论的考核周期可能导致科研人员为了应对考核而急于发表低质量的研究成果。对此，高职院校应根据各个学科的特性和研究项目的具体情况，设定灵活且合理的考核周期，以促进科研活动的健康和可持续发展。

4. 制定合理的科研工作量计算办法

科研工作的量化计算方法需谨慎制定。虽然量化评价是一种有效的考核方式，但其合理性和科学性必须受到重视，例如，刊发于不同级别期刊的文章应有不同的评分标准。考虑到不同学科间的差异，高职院校在对科研工作进行量化评价时应引入加权调节系数，以反映各学科的特点。此外，高职院校应重视科研质量而非仅仅重视科研成果的数量，鼓励教师发表具有重要学术价值和社会影响力的研究成果。

5. 平衡教学与科研的关系

高职院校需确保教学与科研之间的平衡，过度强调科研可能会损害教学质量，而忽视科研又可能降低教师的研究动力。科研与教学是相辅相成的，优秀的科研成果可以直接提升教学内容和方法的水平，同时，高水平的教学能够刺激科研创新。在考核制度设计中，高职院校应适当平衡这两者，以促进学术和教育的共同发展。

6.将科研考核评价指标正确运用于财务绩效考核

将科研考核评价指标正确地运用于财务绩效考核中，是提高科研管理效率的关键。这包括几个方面：

（1）科研基地的区分与资金分配。根据不同级别的科研机构（如国家重点实验室、省部级研究机构）分配内涵建设经费。这样的资金分配应考虑机构的研究水平和影响力，以激励高水平科研机构的发展。

（2）科研投入产出率的奖励。对于科研效率高的院系，通过财务奖励激励它们继续保持高产出率。这种激励机制可以促进院系在科研上的持续投入和创新。

（3）高水平科研成果的奖励。对发表高水平论文、著作，专利授权等的个人或团队给予奖励，既认可了科研成果的质量，也鼓励了科研人员的继续努力。

（4）科研经费在绩效评价中的作用。高职院校将师均科研经费和科研经费年增长率等指标作为财务绩效的重要评价指标，对院系进行综合评价。这样的评价结果可作为年度目标考核和下一年度经费分配的依据，确保科研资金的有效利用。

第九章 高职院校财务绩效管理评价分析

第一节 高职院校财务绩效综合实力评价

一、教育绩效评价的特征

在高职教育领域，绩效评价的实施需综合考虑其特有的属性和要求，以确保评价体系的科学性和适用性。绩效评价既要反映出其基本理念和标准，还要深刻体现教育的本质特性。以下是对于高职教育绩效评价关键特征的表述：

（一）反映了绩效评价的基本思想和要求

绩效评价的基本思想是"以结果为导向，注重过程的优化和成果的实效"。在教育领域，这意味着不仅需要评价教育机构的教学和研究成果，也需要关注它们对学生能力的培养和对社会责任的履行。绩效评价要求客观、公正，需要有明确的定性评价标准和量化的评价指标。在教育领域，这些标准和指标应涵盖学生满意度、毕业生就业率、科研项目数量和质量、教育资源的有效利用等多个维度。绩效评价还强调持续改进和创新，鼓励教育机构不断提升教学和研究质量，优化管理流程，创新教育内容和方法。

（二）体现了教育的本质属性与特征

第一，教育本质上是培养人才、传承知识、促进个体和社会发展的重要途径，因此，高职院校绩效评价既关注学术成就和技术创新，更重视高等职业教育对个体全面发展的贡献，包括对于学生的思想品德、创新能力、批判性思维和终身学习能力的培养。第二，教育具有深远的社会责任和公共利益属性，这要求绩效评价不仅需要考量教育机构内部的教学质量和管理效率，还要考虑教育机构对社会公平、文化传承和社区参与的贡献。第三，教育的长期性和潜在影响是教育特有的属性，故绩效评价需要超越短期成果，关注教育活动对学生未来发展的持久影响，以及教育机构在适应社会变革、技术进步和经济全球化挑战中的角色和效能。可以说，教育绩效评价是对教育机构运行效率的度量，更是对教育机构教育理念、价值观和社会使命的深入体现。

二、高职院校绩效综合实力评价的必要性

高职院校绩效综合实力评价的必要性主要体现在六个方面，如图9-1所示：

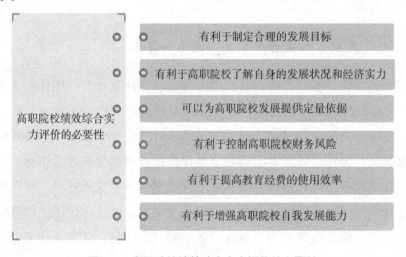

图9-1　高职院校绩效综合实力评价的必要性

（一）有利于制定合理的发展目标

高职院校绩效综合实力评价能够提供全面的数据支持和分析框架，帮助高职院校准确了解自身在教学、科研、社会服务等多个领域的当前水平和潜在能力。第一，通过与其他院校或行业标准进行比较，高职院校可以识别自身的优势和不足，更有针对性地规划未来的发展方向。第二，绩效评价还能协助高职院校制定具体可实现的短期和长期目标，如提升教学质量、优化课程设置、加强科研创新能力和提高毕业生就业率，这些目标将引导高职院校制定相应的策略和措施，确保资源配置的效率和有效性。第三，绩效评价还有助于高职院校在变化多端的教育环境中保持竞争力，通过持续的自我评估和改进，确保自身的教育质量和服务能力与时俱进。

（二）有利于高职院校了解自身的发展状况和经济实力

这种评价能够综合考量院校在教育质量、科研产出、财务管理、资源配置等多个方面的表现，为院校提供一个全面的发展快照。通过这种评价，高职院校能够明确自己在教育市场中的定位，了解自己在学术和职业教育领域的竞争力。绩效综合实力评价还揭示了院校的经济实力和资源利用效率，这对于高职院校制定预算、投资和资源分配策略尤为重要，评价结果还能帮助院校识别财务管理中的潜在问题和改进机会，以提高高职院校的财务健康水平和可持续发展能力。通过持续的绩效评价，高职院校可以跟踪自身绩效综合实力的发展趋势，及时调整发展策略，以应对教育行业的变化和市场需求的波动。

（三）可以为高职院校发展提供定量依据

这种评价通过定量的方法量化各项关键指标，如教育质量、科研水平、资金运用效率、学生满意度，为院校的决策者提供了客观、量化的数据支持，例如，在资源配置和投资决策方面，定量的评价结果能帮助院校识别哪些领域的投入获得了高效的回报，哪些领域需要改进。该评价还能揭示院校的强项和弱项，指导院校进行有针对性的改进和提升，在确定长远规划时，定量的绩效数据为高职院校提供了明确的发展方向和优先级，有助于院校根据自身特点和市场需求，制定符合实际的发展战略和目标。而高职院校绩效评价的定量结果还能用于与其他院校的比较分析，帮助院校在更广泛的教育领域中定位自己的竞争力和发展潜力。

（四）有利于控制高职院校财务风险

这一评价不仅聚焦于院校的财务健康状况，还涉及资金配置效率、投资回报率等关键财务指标，通过全面审视财务状况，高职院校能够及时发现潜在的财务问题，如不合理的资金分配方式、过度的债务负担、收支不平衡，进而采取相应的措施，以预防和降低风险。例如，绩效评价可以揭示资金使用的效率和效益，指导院校合理调整财务策略，优化资源配置，确保资金在教学、科研、基础设施建设等关键领域的合理使用。通过对财务数据的分析，院校还能够评估其长期财务可持续性，及时调整预算安排和资金筹集策略，防止由于财务不稳定带来的运营风险。院校在面对外部经济变化时，此评价有助于院校快速响应，如调整学费标准、增加或减少对于特定项目的投资，以应对市场波动带来的影响。

（五）有利于提高教育经费的使用效率

第一，通过绩效评价，高职院校能够获得关于经费使用情况的详尽数据，包括资金分配、支出结构和投资回报等方面，这使得院校能够更有效地监控和管理教育经费，确保每一笔投入都能达到预期的教育目标和效果。第二，绩效评价可以揭示经费使用中的潜在问题和不足，如资金浪费、资源配置不均衡或对于效益不明显的项目的过度投资，通过对这些问题的及时发现和纠正，高职院校能够优化资源配置，提高财务管理的透明度和效率。第三，绩效评价还有助于院校制订更加科学合理的预算计划，院校可以根据评价结果调整未来的财务策略，例如，加大对有高回报潜力领域的投资，减少或停止对效益低的项目的投入，提高经费使用效率。第四，绩效评价还可作为院校向政府和社会公众展示自身财务透明度和责任感的重要工具，通过公开财务使用情况和评价结果，高职院校能够建立更好的公共信誉，赢得社会各界的支持与信任。

（六）有利于增强高职院校自我发展能力

通过绩效综合实力评价，高职院校可以准确地了解自身在教学质量、科研水平、社会服务、国际合作与交流等多个方面的表现，这种评价为学校提供了一个全面的自我审视机会，即能够识别学校在各个领域的优势和不足。绩效评价的结果有助于院校管理层制定更为科学和有效的发展战略和政策，例如，根据评价结果，院校可以决定在哪些领域加大投入，哪些方面需要改革创新，以及如何优化资源配置。除此之外，绩效评价还能够激发高职院校内部的竞争和自我提升动力，通过与同等级其他院校的比较，高职院校能够更清楚地定位自己在行业中的地位，并鼓励学校内部各部门和个体追求更高的标准和更好的表现。最重要的是，绩效评价还能够促进高职院校不断更新教学内容和方法、改进科研管理和提高社会服务能力，通过持续的评价和反馈，高职院校能够及时调整教育和科研方向，确保自身的教育和科研活动能够紧跟时代的步伐，满足社会和经济发展的需求。

三、建立高职院校绩效综合实力评价指标体系的原则

（一）科学性原则

评价体系和指标的设定应基于客观的数据分析，准确反映院校的实际情况和内在特性。①指标体系需要全面覆盖高职院校的各个关键领域，如教学质量、科研水平、社会服务、国际交流与合作，以确保评价的全面性和综合性，并且每个指标应具有明确的定义和可量化的标准，以便于数据的收集、分析和比较。②评价指标体系应能够适应教育领域的变

化和发展，具有一定的灵活性和动态调整能力。③评价指标体系的科学性还体现在该体系能够促进高职院校的长期发展，这表明指标既要关注当前的表现，还要考虑未来的可持续性和发展潜力，例如，除了考察当前的教学成果和科研产出，还应评估院校在学术创新、人才培养、社会服务等方面的潜在能力和长期贡献。

（二）统一性原则

统一性原则要求评价体系在整个高等职业教育领域内具有广泛的适用性和一致性，确保各院校间评价标准的一致性和比较的可行性。在不同高职院校间，评价指标应具有共通性，使这些院校之间的绩效比较具有合理性和公正性，这有助于标准化和规范化评价过程，也为高职院校之间的健康竞争和相互学习提供了平台。实施统一性原则，可以确保评价结果的公正和客观，避免因评价标准的差异而导致的评价结果的偏颇。

（三）重要性原则

该原则强调，在选择评价指标时，应优先考虑那些对高职院校整体发展和绩效影响最为显著的因素。重要性原则的实施确保了评价体系能够集中关注于对院校发展最为关键的领域，如教学质量、科研能力、社会服务、国际合作、资源配置。此方法有助于提炼出最具代表性和影响力的指标，使评价结果更具针对性和实用性。遵循重要性原则，评价体系能够全面反映高职院校的综合实力，还能够指导院校聚焦关键领域，推动院校在教育质量、科研成果和社会贡献等方面的持续改进。

（四）可比性原则

此原则要求绩效综合实力评价指标的设计和选择应保证各项数据间具有合理的比较性，以便于对不同高职院校或不同时间段的绩效进行有效比较。对此，所选指标应具有一定的通用性和标准化，使得评价结果既能够反映出各高职院校之间的差异，又能展现各院校在不同时间段内的发展趋势。遵循可比性原则有助于确保评价体系的公平性和客观性，避免因使用不同标准或不一致的评价方法而导致的评价结果偏差。通过树立数据的可比性原则，高职院校便可以更清晰地识别自身的优势和不足，制定更加具有针对性的改进措施。

（五）效用性原则

该原则强调评价指标体系的实用性和功能性，所选择的指标必须能够有效地反映高职院校的运行状况和发展成效，包括指标是否能够准确衡量院校的教学质量、科研成果、社会服务、管理效率等关键维度。效用性原则要求评价指标既要全面又要具体，能够为院校管理者、政策制定者和其他利益相关者提供有价值的信息，帮助他们作出更为明智的决策，如评价指标应能够用于指导资源分配、优化课程设置、提升教育质量、促进科研创新。另外，这些指标还需要灵活调整，以适应教育环境和市场需求的变化，确保评价系统的时效性和适应性。

（六）整体性原则

评价体系需要全面覆盖高职院校的各个方面，包括教学质量、科研能力、社会服务、管理效率、财务健康、学生发展等关键领域。整体性原则是指高职院校应确保评价指标不局限于单一维度，而是能够综合反映自身的整体运行情况和发展水平，能够提供更加全面和深入的洞察，帮助管理者和决策者了解学校在不同领域的表现，作出更加均衡和全面的决策。如一个完善的评价体系不仅应考量学术成就和科研产出，还应考虑学生就业率、师资质量、校园环境等因素。

（七）动态性原则

评价指标体系应当具有适应性和灵活性，能够随着教育环境的变化和高职院校自身发展的需求进行调整和更新。动态性原则强调评价指标不应是静态不变的，而是应当反映教育政策、市场需求、技术进步等因素的动态变化。随着科技发展和行业需求的变化，某些专业或课程可能变得更加重要，评价体系应及时调整，以反映这些变化。动态性原则还意味着评价体系应能够捕捉和反映学校策略调整和改革措施的影响。

（八）可行性原则

评价体系的指标应具备实际操作性和可实施性，这意味着选定的评价指标应当是可量化、可收集和可分析的。在实际操作中，这不仅要求评价指标应科学合理，还要求高职院校能够准确地收集相关数据，并确保这些数据的质量和完整性。此外，可行性原则还考虑到评价体系的实施成本，包括时间、资源和人力成本，确保评价工作的有效性和效率。

（九）历史性原则

评价指标的选择和应用需充分考虑高职院校的历史背景和发展轨迹。换言之，评价体系不应仅仅侧重于当前的表现和短期成果，而应综合考虑院校过去的成就、发展过程中的转型和演变，以及院校长期积累的教育资源和品牌影响力。例如，在考察学术成就时，评价者应考虑学校在历史上的科研项目、学术贡献及学校对行业的长期影响。在对教育质量和学校管理水平进行评价时，评价者需考虑学校的历史传统、文化和特色，以及这些因素如何影响当前和未来的发展。

四、高职院校财务绩效综合实力评价的方法

高职院校财务绩效综合实力评价方法具体包括以下几种，如表 9-1 所示：

表9-1　高职院校财务绩效综合实力评价方法

评价方法	主要特点
预定目标与实施效果比较法	设定具体目标，比较目标与实际效果的差异
成本－效益比较法	比较教育投资与教育成果之间的关系

评价方法	主要特点
最低费用选择法	选择达成特定目标所需的最低成本方案
因素分析法	分析影响绩效的关键因素并进行量化分析
专家评议法	依赖专家团队的知识和经验进行综合评估
横向比较法	将目标院校与同类院校的指标进行比较
主成分分析法	提取关键变量的主要成分，以简化评价指标
隶属度赋值法	基于专家评价，为评价指标赋予隶属度数值

（一）预定目标与实施效果比较法

预定目标与实施效果比较法首先为高职院校设定具体、可量化的财务和绩效目标，这些目标涉及预算管理、成本控制、资金利用效率、投资回报等多个方面。一旦目标设定完成，评价过程就在于比较这些预设目标与实际达成效果之间的差异。通过这种比较，评价者可以清晰地识别出高职院校在财务和绩效管理方面的优势与不足，以及高职院校需要改进和调整的领域。该方法还为高职院校提供了一个动态的评估视角，有助于评价者监控和评估高职院校在特定时间段内的财务表现。

（二）成本－效益比较法

成本－效益比较法通过比较教育投资（成本）和教育成果（效益）之间的关系，评价高职院校的财务绩效。具体来说，评价者需要明确高职院校在特定时期内的所有教育相关支出，包括教学、科研、基础设施建设等方面的成本；接着，评价这些投资对教学质量、学生满意度、科研成果、社会服务等方面的贡献，即效益。成本－效益比较法的核心在于计算和分析成本与效益之间的比例关系，进而评估教育投资的效率和效果。如果效益远大于成本，表明高职院校的财务绩效良好；反之，则可能需要改进资源配置和管理策略。

（三）最低费用选择法

最低费用选择法是一种旨在优化资源配置和提升资金使用效率的评估方法，该方法的核心在于对比不同的项目或活动选项，以确定在达成特定目标或效果的情况下所需的最低成本。具体操作时，高职院校会评估各种可行的方案或活动，包括教学、科研项目、基础设施建设等，分析每项活动所需的总成本，然后实施能够最大限度上控制成本的方案。此方法强调成本效益的最大化，促使院校在资源有限的情况下最大限度地作出经济有效的决策。

（四）因素分析法

该方法通过分析影响高职院校财务绩效的各种因素，如资金分配效率、教育质量、科研产出、教师队伍建设，评估院校的整体财务绩效。具体而言，因素分析法首先识别和定义影响绩效的关键因素，然后收集相关数据，并运用统计分析技术对这些因素进行量化分析，这有助于管理者深入理解各影响因素对院校财务绩效的具体贡献和作用机制，为改进管理措施、提高资源配置效率和优化绩效评价体系提供了依据。

（五）专家评议法

此法依赖于专家团队的知识、经验和判断力，对高职院校的财务绩效进行全面而深入的评估。实施时，评价者应选定一组具有相关领域专业知识和丰富经验的专家，这些专家通过对高职院校的财务报告、预算执行、资金分配效率、教育和科研成果等方面的数据进行分析，评估院校的财务管理效率和成果。专家们可以通过讨论、投票或使用评分系统等方式，提供对院校财务绩效的综合评价。专家评议法的优点在于能够利用专家的专业知识和实践经验，为高职院校提供深入、全面的评价，但也存在主观性较强、可能受个人偏好影响的局限。为了提高评价的客观性和可信度，高职院校常常需要将该方法与其他量化评价方法相结合，以获得更全面的评估结果。

（六）横向比较法

此方法将目标院校的财务和绩效指标与其他类似院校的相应指标进行比较，通过这种比较，评价者可以清楚地看到目标院校在各项指标上与同类院校的差异，更高效地评估目标院校在行业内的综合地位和竞争力。例如，可以比较院校的教育投资回报率、学生就业率、科研成果数量和质量、财务稳定性等多方面指标。横向比较法提供了一个直观的评价框架，帮助院校了解自身在同行业中的优势和劣势，制定改进策略。但横向比较法也有一定的局限性，主要是由于不同高职院校在地理位置、专业设置、教育资源等方面可能存在差异，直接比较可能不完全公平。

（七）主成分分析法

主成分分析法主要用于降低数据的复杂度，通过提取关键变量的主要成分（主成分），将原本众多、相互关联的评价指标简化为少数几个综合指标。在应用主成分分析法时，评价者应收集涉及高职院校运营的各项财务和绩效数据，如学生就业率、教师资质、财务收支、教学资源，然后，通过统计分析方法，识别出这些数据中能代表院校综合实力的主要成分。这些主成分通常是原始数据中变异性的解释者，能够更加准确地反映院校的总体绩效。这种方法特别适用于处理大规模的数据集，帮助高职院校从众多绩效指标中快速识别出关键影响因素，进一步优化资源配置和提升管理效率。

（八）隶属度赋值法

隶属度赋值法主要依赖于评议人员的专业知识、经验及评议人员对被评价对象的深入了解，[1] 在这个过程中，评议人员首先参考既定的评议标准，这些标准通常包括了一系列具体的评价指标及其相应的等级或档次。然后，评议人员根据自己对高职院校各方面性能的认识和评价，为每个指标分配一个具体的数值，这个数值反映了该院校在该指标上的表现或成绩与标准之间的吻合程度，即所谓的"隶属度"。隶属度赋值法主观性较强，可能受到个人偏好和认知局限的影响，为确保评价结果的公正性和有效性，评议人员通常需要结合其他更客观的评价方法，综合评判高职院校的绩效与实力。

第二节　高职院校财务绩效评价体系的构建

一、确定高职院校财务绩效评价的内容

（一）确定融资能力的相关指标

高职院校的融资能力是衡量高职院校在现代市场经济条件下，自主筹集资金并支持自身发展的关键指标。随着国家对高等教育资金投入的逐步调整，高职院校的自我融资能力成为高职院校综合实力和管理水平的重要反映。有效的融资能力既展示了高职院校在资金筹措方面的努力和效果，还直接关联到高职院校整体的经营和财务状态。

在评估高职院校融资能力时，评价者可以通过多种指标进行综合分析，这些指标包括：高职院校通过各种渠道自主筹集的收入总额，这反映了高职院校在资金筹措方面的实际成效；高职院校自筹资金的年增长率，这表明了高职院校在扩大自筹资金规模上的能力；资金自给率，即高职院校自筹资金与总资金需求的比例，反映了高职院校对外部资金依

---

① 吕素昌、孙永杰、徐娜娜：《高校财务管理绩效评价研究》，北京工业大学出版社，2020，第 89 页。

赖程度的高低；教学活动所带来的总收入，这体现了高职院校核心业务的经济效益；自筹收入在总收入中的占比，这展示了高职院校自主融资渠道的有效性；自筹基本建设资金占基本建设总资金的比例，这反映了高职院校在基础设施建设方面的自我筹资能力。

（二）确定资金使用绩效的相关指标

在当代高职教育领域，高职院校资金的使用绩效是衡量高职院校财务管理有效性和资源分配合理性的重要指标，这种绩效反映了高职院校在利用有限资金资源实现社会及经济效益方面的能力。为全面评估高职院校的资金使用绩效，评议人员需综合考虑一系列关键指标：

第一，师生比，这一指标能反映教育资源的分配情况，直接影响教学质量和学生的学习体验。

第二，学生平均教学仪器设备费，这反映了学校对教学资源的投入水平。

第三，科研收入和教师人均科研经费，能够展现学校在科研领域的投入及产出效率。

第四，毕业生的就业率，能够评估教育质量和社会适应性，体现了教育投入与社会需求的匹配程度。

第五，资产创收率，能够衡量学校资产的经济效益。

第六，教学设备的利用率，反映了学校设备资源的使用效率。

第七，科研成果收益，反映学校科研成效。

第八，经费总支出占经费总收入的比率，显示了学校财务状况的稳健性和可持续性。

第九，学生平均教育事业费支出，反映了学校对每位学生的教育投入程度。

（三）确定财务综合实力的相关指标

对于综合财务实力的评估，关注点在于高职院校的资金来源、资产结构和经费使用效率。关键指标包括：净资产占资产总额的比率，这反映了学校的资本结构和财务稳健性；教学活动收入的年增长率，显示了学校教育服务的市场需求和增长潜力；年度收支比，评估学校的财务平衡能力；年末净资产总额，反映了学校的总体财务规模；学生平均占用校舍面积，衡量教育资源的物理容量；固定资产增长率和总额，展示学校的物理资本投资和积累情况；国家或地方的拨款情况，作为公共财政支持的重要指标。

（四）确定高职院校可持续发展能力的相关指标

在评估高职院校的可持续发展能力方面，核心指标围绕财务健康度和增长潜力，主要包括：校产经营收益的年增长率，反映学校财务资源增长的动态；资产负债率，衡量学校的财务风险；融资收入占银行存款平均余额的比重，反映学校的融资能力；投资收益率，评价学校资产配置的效率；负债收入比率，分析学校的偿债能力；基建投资的竣工率，衡量学校基础设施建设的实施效率。

（五）确定高职院校财务绩效指标

关键指标体系应全面覆盖各个关键财务维度，以确保对学校的整体财务状况和运营效率有一个准确、全面的理解。此体系包括以下几个核心指标：

1. 盈利能力

这一指标通过分析经济增加值和销售利润增长率，评估学校的盈利状况。经济增加值显示学校活动产生的净价值，而销售利润增长率反映着学校盈利能力的增长趋势。

2. 运营能力

运营能力的指标主要关注资产的使用效率和管理水平，以及这些因素能否提高盈利能力。这涉及资产周转率和存货周转天数等，这些指标反映了学校管理资源的效率和有效性。

3. 偿债能力

此指标用以评估学校的财务稳定性和经济实力，特别是在满足短期和长期债务义务方面的能力。评议人员通过分析资产负债比率、流动比率等，可以判断学校的财务健康状况。

4. 抗风险能力

这一指标着重于评估高职院校在面对不确定因素时的稳固性和适应能力。通过考察学校的财务储备、收入多样性和财务策略的灵活性，评议人员可以了解学校对市场波动的抵御能力。

二、构建高职院校绩效评价体系

（一）构建财务运行绩效指标体系

在当前教育改革的背景下，中国高等教育机构面临资金来源多元化的新挑战，这种变化要求高职院校的财务绩效评价体系必须适应新的发展需求，实现从单一经济效益评价向综合财务运行绩效评价的转变。为了有效地评估高职院校的财务运行效率和成果，建立一个量化且可操作的绩效评价体系变得至关重要。

该体系的设计应该考虑对于投入产出比的分析，以确保财务活动能够达到最优化的经济和社会效益，为此，该体系应包括诸如科研服务收入增长率、人均科研经费增长率等经济效益指标，以及固定资产增长率、设备使用率等反映高职院校基础设施和资源使用效率的指标。科研成果的应用成功率和学生的学位获得率等指标则能反映高职院校教育质量和科研成果转化的效果，这一绩效评价体系的目的一方面是衡量经济收益，另一方面，也是更重要的，是全面审视高职院校的财务运行和资源配置效率，为高职院校的持续发展和改进提供决策支持。

（二）构建财务综合实力指标体系

在衡量高职院校的财务综合实力时，构建一个综合性的指标体系，以全面反映院校的财务状况和教育能力是关键。这一体系中的指标具体包括定量指标和定性指标两种。其中，定量指标又包括总收入、总支出、资产、当年学生就业率、学生毕业率、固定资产总值增长率及偿债能力七种；而定性指标则包含教职员工素质、管理者的素质、创新能力及社会影响几个方面。

（三）构建财务发展潜力指标体系

在构建高职院校财务发展潜力的指标体系时，评议人员需要考虑的核心是学校的财务稳健性和长期发展能力，这一体系的关键在于评估学校在面对不同财务环境时的适应性和风险管理能力。①高职院校年度外借款总额占年度总收入的比率是一个重要指标，它反映了学校依赖外部资金的程度。②年终净储蓄占总支出的比例则显示了学校的储备资金规模，这关系到学校在面临财务危机时的应对能力。③学校年度收入与支出的比例直接影响到学校的财务健康状况，一个理想的比例应该显示学校有足够的收入，以覆盖自身的运营成本，同时还能留有余地地进行投资和发展。④合计欠款额度则是衡量学校负债水平的另一个关键指标，它可以反映学校的偿债能力和财务风险水平。⑤在这些指标的基础上，高职院校的财务部门还应考虑到资源配置的效率、对外投资的收益性及办学的社会效益。

（四）构建绩效跟踪监督落实机制

高职院校在构建绩效跟踪监督和落实机制时，需成立一个跨部门的执行检查小组，这一小组的成立是为了确保财务管理的全面性和有效性。该小组由来自财务、教务、科研等多个部门的成员组成，小组的主要职责是确保各部门在预算执行和绩效管理方面的透明度和责任性。小组的核心任务是定期检查各部门的预算执行情况，确保预算的合理性、合法性和符合规定性。

在实际操作中，执行检查小组除负责监督预算资金的使用外，还需确保资金使用的高效性和合规性，例如，组员会定期访问各部门，对它们的财务记录进行审计，并提供建议，以优化资金使用；年终结算时，该小组会审查各部门的财务情况，确保所有资金都按照预算安排得当；对于日常经费，如果在年末还有剩余，则可以结转至下一财年，但其他经费则需按照"当年预算，当年使用"的原则进行处理。这样的机制提高了财务管理的效率和透明度，也为各部门的年度绩效评估提供了重要依据。

（五）构建绩效评价制度体系

此体系应重点关注年终考评和聘期考评等关键指标，财务部门需在绩效管理的全过程中发挥核心作用。财务部门既要参与预算的制定和执行过程，还要负责对于决算的管理，以确保财务流程的透明性和效率。有效的绩效评价体系应强调对预算编制、执行和决算三个关键支出环节的综合管理，这种集成的方法有助于提高资金使用的质量和效率。为此，高职院校对于每个环节的管理都应进行制度化改革，以确保绩效评价的准确性和公正性。事前、事中、事后各个阶段的有效管理和改进，都是提高整体绩效评价效果的关键。

第三节 基于绩效评价的高职院校财务分析指标设计

一、基于高职院校财务绩效定义的评价的三方面内容

高职院校财务绩效评价旨在全面衡量教育资源的分配和利用情况，以及这些资源在推动社会发展方面的实际成效。这种评价关注的是教育投资的实际回报，包括对于管理水平和成果的监督。通过对高职院校的财务报表和相关数据进行深入的计算、对比和分析，财务绩效评价揭示

了学校的财务状况、盈利能力和经营效果。高职院校财务绩效的评价内容可以从三个主要方面进行考量：财务效果、财务效率和财务效益。这些评价维度共同构成了高职院校财务绩效评价的核心内容，既反映了高职院校资源使用的实际效果，也体现了高职院校在社会和经济方面的贡献程度。

（一）财务效果

高职院校的财务效果主要集中在三个关键领域：人才培养、科学研究、社会服务。在人才培养方面，高职院校核心衡量指标包括就业率和就业质量，反映了高职院校在培养高素质人才方面的成效。在科学研究的成果方面，科研项目、学术奖项、论文发表等，是评价高职院校科研水平和技术创新能力的重要指标，这体现了高职院校的学术实力，也是对高职院校科研能力的实质性展示。最后，高职院校服务社会的能力，体现在高职院校如何将科研成果转化为实际应用，促进地区或国家经济社会发展的能力。高职院校应注重科研成果的产业化，将技术创新转化为推动经济发展的动力。

（二）财务效率

在高职院校的财务效率方面，关键是优化和高效利用各种资源。人力资源的管理是一个核心要素，涉及如何最有效地利用教职工的技能和专长，包括对教学和科研人员的合理分配，还包括对后勤和行政支持人员的合理配置，例如，通过提高教师的教学和科研效率，以及优化后勤人员的工作流程，高职院校可以大幅提高整体的工作效能。高职院校还应当注重资金使用的效率，即需要确保教育和科研经费得到合理分配和有效利用，避免浪费，通过精细化的预算管理和成本控制，确保每一笔投入都能产生最大化的回报。资产使用效率也非常重要，高职院校需要制订明智的资产采购和使用计划，例如，高职院校在购买教学和研究设备时，应考虑其实际使用频率和效益，以及长期维护的成本。

（三）财务效益

高职院校的财务效益涵盖了教学、工业及对外服务等多个领域，提升高职院校财务效益的关键在于探索如何通过有效的资金投入实现最佳化的经济回报。第一，教学效益反映了学校通过财务投入在教学质量和教学条件上的改善程度，包括提升教学设施、优化课程内容、加强师资力量等方面，教学效益的提升直接关联到学生的学习体验和毕业生的就业率，从而对学校的声誉和吸引力产生显著影响。第二，工业效益体现在学校通过校办企业或产业化项目所带来的直接经济收益，这些收益增强了学校的财务实力，还为学生提供了实习和就业机会，加强了学校与产业界的联系。第三，对外服务效益主要指通过提供专业培训、咨询服务、科研合作等方式所获得的经济效益，这些活动增加了学校的外部收入，还提升了学校在社会和行业中的影响力，有助于建立学校的品牌和提升学校的声誉。

二、以绩效评价为核心的高职院校财务分析指标体系

高职院校为了建立一个全面且有效的财务分析体系，应将重点放在选取综合和科学的绩效评价指标上，财务分析指标体系应包括多元化的关键指标，涵盖高职院校运营的各个关键方面。预算指标是基础，高职院校可用以确保财务计划的稳健性和可行性。接着是财务运行绩效指标，高职院校可用以衡量资金运用的效率和效果；财务风险管理指标则关注于风险控制和财务稳定性；支出结构指标分析了各项支出的合理性和优化空间；财务发展能力指标反映了院校的成长潜力和持续发展能力；高职院校规模指标、人力资源指标、科研能力指标和对外交流指标则分别从学校规模、人力资源的质量和数量、科研成果及国际化交流方面提供了全面的评价视角。

（一）预算指标

预算指标主要由两个关键的二级指标构成：预算执行率和财政专项

拨款执行率，这两个指标共同反映了高职院校在预算管理方面的整体效率与准确性。预算执行率指的是院校在一定时期内实际支出与预算之间的比率，直接展示了预算规划与实际支出的匹配程度，而财政专项拨款执行率则专注于衡量高职院校对于政府专项资金的使用效率和进度。

（二）财务运行绩效指标

高职院校的财务运行绩效指标体系，包含九个关键的二级指标，这些指标共同构成了对院校财务健康和运营效率的全面评估，包括自筹收入比率、事业收入增长率、拨款收入增长率、科研收入增长率、教职员工平均经费收入、基建投资完成比率、校办产业的收入增长率、校办产业资本的保值增值率及固定资产的增长率。它们既能够衡量高职院校在财务自给自足能力、经营效益、资金使用效率、科研产出及校园基础设施建设方面的表现，还能够反映院校在财务管理方面的整体水平。通过对于这些指标的综合分析，评议人员可以有效评价高职院校的经营状态和财务健康度，为高职院校的可持续发展提供重要的财务信息支持。

（三）财务风险管理指标

在高职院校的财务风险管理评价中，六个核心二级指标被用来衡量院校的财务稳健性和风险承受能力：资产负债率、流动比率、收入负债比率、应收暂付款项占流动资产的比率、总收入与总支出的比率及校办产业的资产负债率。这些指标共同反映着高职院校在短期内偿还债务的能力及高职院校财务状况的整体健康度。资产负债率和校办产业资产负债率揭示着财务杠杆的使用情况和债务负担程度；流动比率则显示着机构应对短期债务的流动性状况；收入负债比率能够衡量收入和负债之间的关系；而应收暂付款项占流动资产的比率则反映着资金的周转效率。

（四）支出结构指标

支出结构指标关键在于衡量院校在不同领域的资金分配效率和办学

效益，包括人员支出比率、公用支出比率、生均事业支出和教职工人均基本支出四个重要的二级指标。人员支出比率反映着人力资源成本在总支出中的占比，这对于人力密集型的教育机构尤为关键。公用支出比率则体现着日常运营成本在总支出中的比重，直接关系到学校的运营效率。生均事业支出揭示了学校对每位学生的平均投入，反映了教育资源的分配公平性。而教职工人均基本支出则反映了学校对教职工的平均支出，间接指示着教师的福利水平和学校的吸引力。

（五）财务发展能力指标

财务发展能力指标主要集中于衡量资产增长和发展潜力，涵盖总资产增长率、净资产增长率和固定资产净值率三个关键的二级指标。总资产增长率能够体现高职院校总体资产规模的扩张速度，直接反映学校发展的动力和扩张能力。净资产增长率则聚焦于院校净资产的增值情况，表明学校财务健康状况和长期发展的可持续性。而固定资产净值率则关注学校的长期投资和资本配置效率，显现出学校在基础设施和长期资产方面的投资效果。

（六）院校规模指标

规模指标包括高职生、继续教育学生和留学生的在校人数，以及图书馆藏书量、实验室数量和校舍总面积等二级指标。高职生在校人数能够直接反映学校的教育规模和人才培养能力。继续教育学生和留学生人数则表明学校在继续教育和国际教育领域的影响力。图书馆藏书量和实验室数量是评价学校教学和科研资源丰富程度的关键指标，而校舍总面积则能够展现学校的基础设施规模。这些指标能够综合反映高职院校在人才培养、科研教学、国际化程度及基础设施建设方面的整体实力和资源配置能力。

（七）人力资源指标

人力资源指标关注于评估学校在人力资本方面的配置和利用情况。此指标包括四个关键的二级指标：专任教师数、行政人员数、教辅人员数和工勤人员数。专任教师数能够反映学校教学资源的数量和质量，是衡量教学力量的重要指标。行政人员数则能够反映学校管理运营的效率和效能。教辅人员数能够显示学校在教学辅助和学生服务方面的支持力度。而工勤人员数则关系到学校日常运维和基础设施维护的能力。

（八）科研能力指标

科研能力指标着重评估院校在科学研究领域的表现和潜力。此指标包括四个关键的二级指标：科研机构的数量、院校所承担的课题数量、科研成果获奖数量，以及科研成果的总量。科研机构的数量能够反映学校科研方面的基础设施和组织能力，而课题数量则能够直接展现学校科研活动的活跃程度。获奖数量是对学校科研质量的直接认可，是科研成果受到外界认可的重要指标。科研成果的数量则能够综合体现学校科研工作的总体水平和成效。

（九）对外交流指标

对外交流指标专注于衡量高职院校在学术交流方面的活跃程度和影响力。该指标由两个关键的二级指标组成：国内学术交流人数和国际学术交流人数。国内学术交流人数能够反映高职院校在国内学术圈的参与程度和影响力，而国际学术交流人数则是衡量高职院校在全球学术界的融入程度和国际化水平的重要指标。这两个指标共同展示着高职院校在学术领域的联络网络及在国内外的知名度和学术地位。不同的高职院校对于这些指标具体数值的重视程度可能会有所不同，因此，高职院校可以根据自身特点和发展需求，灵活调整和优化这些指标，以更好地反映自身在学术交流方面的实际情况和发展目标。

三、运用平衡计分卡设计高职院校财务绩效评价指标

（一）平衡计分卡的基本原理

平衡计分卡的使用，就如同飞行员依赖多种仪器安全驾驶飞机一样，为管理者提供着一个多维度的业绩评价工具。这种方法强调，在评估组织的绩效时，不应仅限于财务指标，而是要综合考虑多个关键因素。例如，飞行员在飞行时既要关注风速，还要考虑诸如高度、方向和燃料水平等多个关键参数。同样，组织的管理者在评估绩效时，也需要考虑财务指标之外的其他重要因素，如客户满意度、经营效率和员工绩效。

组织的管理者在实施平衡计分卡时，应将之与组织的目标和战略紧密联系起来，这意味着，在评价一个单位或其部门的业绩时，管理者需要关注财务业绩评价，即衡量已经发生的行为的结果（延后指标），还需重视经营业绩评价，即影响未来业绩的前瞻性指标。这种综合评价方法有助于管理层全面理解和指导组织的发展方向，以确保组织能够有效实施其战略目标。

（二）平衡计分卡在高职院校财务绩效评价中的应用

高职院校财务绩效评价体系的构建是一个多维度、层级分明的复杂过程，在这个体系中，评价者必须全面考虑财务效果、效益及效率，并结合高职院校的具体情况，客观地确定各个评价指标及其权重。这种评价体系既能够反映高职院校的财务绩效水平，还能够从财务与非财务角度综合评估高职院校的整体运行情况。

基于平衡计分卡（Balanced Score Card, BSC）理念设计高职院校财务绩效评价指标时，评价者需要从高职院校的实力、教学绩效、科研绩效、资产绩效和产业绩效这五个关键方面进行考量。评价者应将这五个方面作为一级指标，进而将每个一级指标的考核内容细化为具体可测量的二级指标。如果二级指标仍不具备可测性，则需要进一步细分，直至

指标具备清晰的可测量性。在此基础上，评价者通过深入研究财务绩效评价的实际操作，并借鉴国际上的先进方法和经验，可以在各一级指标下构建出多个细化指标，最终形成一个全面、科学的财务绩效评价指标体系。例如，在高职院校实力方面，细化指标可以考虑资金规模、师资力量、基础设施等指标；教学绩效方面，可包括课程质量、学生满意度、毕业生就业率等；科研绩效方面，则可以涉及科研项目数量、科研成果的质量与数量、科研资金利用效率等；资产绩效方面，可以考虑固定资产增值率、资产配置效率等；产业绩效方面，则可以包括校办企业的经济效益、创新项目的转化效率等。通过这种方式，高职院校能够全面评估自身在不同方面的表现，为持续的发展和管理提供有效的数据支持和决策依据。

参考文献

[1] 吕景胜，赵玉梅.公司转型与治理 [M].北京：中国商业出版社，2019.

[2] 陈焕娣，王永芳，孙士俊，等.高校内部控制建设及典型案例 [M].苏州：苏州大学出版社，2022.

[3] 刘罡.高校财务内部控制实务 [M].北京：中国农业大学出版社，2018.

[4] 杨丹华.新形势下高校财务管理与发展研究 [M].太原：山西经济出版社，2021.

[5] 刘盈池.高校财务内部控制与绩效管理研究 [M].北京：新华出版社，2022.

[6] 辛妍.新时期高校财务管理与审计 [M].北京：新华出版社，2022.

[7] 辽宁省教育会计学会.高等学校内部控制实施指南 [M].沈阳：东北财经大学出版社，2018.

[8] 王刚.高校财务内部控制制度研究 [M].太原：山西经济出版社，2023.

[9] 魏平峰.高校资产管理概论 [M].成都：四川大学出版社，2011.

[10] 王同孝，王以涛.高等学校内部控制理论与实务 [M].北京：应急管理出版社，2021.

[11] 李辉生.高等学校资产管理研究 [M].合肥：中国科学技术大学出版社，2007.

[12] 韦德洪，张星文.财务控制学 [M].北京：国防工业出版社，2009.

[13] 江平，米健.罗马法基础[M].北京：中国政法大学出版社，1987.

[14] 李百超等.高校债务风险防范与化解问题研究兼论高校法律风险管理体制创新[M].北京：知识产权出版社，2010.

[15] 徐峰.现代高校财务管理的实施与监督[M].长春：东北师范大学出版社，2018.

[16] 陈健美.加强监督提高效益我国高校财务管理的改革与创新研究[M].沈阳：沈阳出版社，2019.

[17] 李强.高校财务管理与发展新探[M].成都：电子科学技术大学出版社，2021.

[18] 孙杰.高校财务管理创新理念与关键问题探索[M].长春：吉林大学出版社，2018.

[19] 吕素昌，孙永杰，徐娜娜.高校财务管理绩效评价研究[M].北京：北京工业大学出版社，2020.

[20] 赵洁.高职院校预算精细化管理提升路径探究[J].北京工业职业技术学院学报，2024，23（1）：111–114.

[21] 马叶琳，马雪金.高职院校财务管理存在的问题及改进措施分析[J].经济师，2024（1）：80–81.

[22] 田园.基于管理会计视角下的高校财务内控优化措施[J].财经界，2023（36）：129–131.

[23] 伍思华，杨明东.高职院校会计核算浅析[J].现代审计与会计，2023（12）：46–47.

[24] 张文.新形势下高校财务管理内部控制建设研究[J].财会学习，2023（35）：164–166.

[25] 徐雅楠.基于业财融合视角的高校财务管理研究[J].商讯，2023（24）：53–56.

[26] 浦毓文.高职院校专项资金绩效管理思考[J].合作经济与科技，2024（5）：140–141.

[27] 姚克梅.财务管理视角下高校财务内部控制建设探究[J].投资与创业，2023，34（23）：49–51.

[28] 赵文君，张建章.高职院校"预算–绩效–内控"一体化研究[J].合作经

济与科技，2024（2）：161–163.

[29] 芮文燕.内部控制视角下高职院校预算绩效管理探析 [J].行政事业资产与财务，2023（23）：34–36.

[30] 兰琳琳.高职院校内部审计质量提升探究 [J].河南教育（教师教育），2023（12）：42–43.

[31] 于运会.高职院校预算整体绩效评价指标体系研究与实践 [J].经济师，2023（12）：213–215.

[32] 吴萍.精细化财务管理视域下的高职院校业财融合路径分析 [J].财会学习，2023（33）：34–36.

[33] 陶俊伊.高校二级学院财务内部控制研究 [J].行政事业资产与财务，2023（22）：52–54.

[34] 钱丹露.内部控制视角下高校财务风险预警指标体系的构建思路分析 [J].中国乡镇企业会计，2023（11）：145–147.

[35] 傅维一.高校内控体系的财务信息化建立与完善 [J].财讯，2023（21）：186–188.

[36] 林妤.信息化建设背景下高职院校财务内部控制探讨 [J].经济师，2023（11）：78–79.

[37] 谢升艳.基于内涵式发展高职院校"院系两级"财务管理的探究 [J].财经界，2023（31）：141–143.

[38] 梁爽，崔雅楠."双高计划"背景下高职院校财务预算管理优化路径研究 [J].工业技术与职业教育，2023，21（5）：97–100.

[39] 王宗浩.业财融合背景下高职院校预算管理问题与对策研究 [J].产业与科技论坛，2023，22（20）：287–288.

[40] 陈三华.基于业财融合的高职院校财务管理研究 [J].财会学习，2023（29）：29–31.

[41] 张晓湘，周劲松.高职院校产教融合实训基地功能实现与绩效评价 [J].职教发展研究，2023（4）：9–15.

[42] 杨然.基于胜任力的高职院校教师绩效考核策略研究 [J].科教文汇，2024（1）：137–141.

[43] 魏群.高职院校实施预算绩效管理实践研究 [J].中关村，2024（1）：108–

109.

[44] 李飞凤.高等职业学校财务绩效评价研究 [D].合肥：安徽大学，2013.

[45] 郭俊梅.基于平衡计分卡的 NY 高职院校预算绩效评价研究 [D].重庆：重庆理工大学，2022.

[46] 赵婧婧 .M 高职院财务风险管理优化研究 [D].南京：南京师范大学，2018.

[47] 姜若曦 .M 高职院校内部审计案例研究 [D].北京：中国财政科学研究院，2017.

[48] 吉宁.动态平衡计分卡在高职院校绩效评价中的应用 [D].镇江：江苏大学，2016.

[49] 白雪敏.我国高职院校财务管理的现状、问题与创新 [D].济南：山东大学，2015.

[50] 季文 .H 高职院校财务风险管理体系构建研究 [D].合肥：安徽大学，2014.

[51] 王一冰.高职院校财务绩效评价指标体系研究与分析 [D].西安：西安建筑科技大学，2014.

[52] 杨杏 .H 省 C 公办高职学院债务管理优化探讨 [D].武汉：中南财经政法大学，2021.

[53] 郭红梅.高职院校债务融资管理研究：以 H 高职院校为例 [D].青岛：青岛大学，2018.

[54] 王璐.高职院校债务管理问题与对策研究 [D].长春：东北师范大学，2016.